novum pro

AF146851

Michael Wiesmer

Financial Reboot

The Global Social Contract

novum pro

www.novumverlag.com

Bibliografische Information
der Deutschen Nationalbibliothek:

Die Deutsche Nationalbibliothek
verzeichnet diese Publikation in
der Deutschen Nationalbibliografie.
Detaillierte bibliografische Daten
sind im Internet über
http://www.d-nb.de abrufbar.

Alle Rechte der Verbreitung,
auch durch Film, Funk und Fernsehen,
fotomechanische Wiedergabe,
Tonträger, elektronische Datenträger
und auszugsweisen Nachdruck,
sind vorbehalten.

© 2016 novum Verlag

ISBN 978-3-99048-445-6
Lektorat: Silvia Zwettler
Umschlagfoto:
Sergey Khakimullin | Dreamstime.com
Umschlaggestaltung, Layout & Satz:
novum Verlag

Gedruckt in der Europäischen Union
auf umweltfreundlichem, chlor- und
säurefrei gebleichtem Papier.

www.novumverlag.com

„Es sind die Verpflichtungen der Menschen,
welche sich der Mensch selbst auferlegt hat, Regeln,
welche vom Menschen für den Menschen geschaffen wurden.

Diese Regeln können jederzeit zum Besseren verändert,
geändert und angepasst werden zum Wohle aller.

Dies zu erkennen,
könnte die größte Veränderung und Verbesserung
der Lebensqualität herbeiführen,
die die Menschheit je erlebt hat …"
(Autor)

Vorwort

Was fasziniert uns Menschen immer wieder, wenn wir beginnen ganz voller Stolz von unseren Errungenschaften zu erzählen, von allem, was wir bisher erreicht haben? Sind wir uns der Quellen bewusst und wird uns das, was wir als Status quo definieren, genügen für unsere nächste Zukunft?

Zeiträume können unterschiedlich betrachtet in großen Distanzen berechnet werden, aber stehen wir nicht am Anfang all dessen, was wir noch erreichen wollen, *angesichts der Probleme unserer Weltbevölkerung, die derzeit in unterschiedlichsten sozialen Entwicklungsstufen bestehen bleibt, wobei derzeit eher eine Zunahme als Abnahme von Armut zu beobachten ist?*

Als (eine große) Zivilisation, unsere Weltbevölkerung, erwarten uns tiefgreifende Veränderungen, um von einer neuen Zukunft für angehende neue Entwicklungen sprechen zu können, wie wir sie uns eigentlich schon morgen herbeisehnen. Fern von Hunger und Armut, ist ein Leben mit Gleichheitsprinzipien, gegenseitigem Respekt und Toleranz, Arbeitssicherheit und ein Mindestlebensstandard, für alle Menschen dieser Welt und alle ihren Nachkommen, ein allgegenwärtiges Anliegen.

Realgemäß könnten wir uns das in 100, 500 oder sogar erst in 1000 Jahren vorstellen, aber reicht uns die Zeit dafür, die negativen Auswirkungen unseres heutigen Lebens noch rechtzeitig in den Griff zu bekommen?

Was fehlt uns, dass wir alle uns tatsächlich einen solchen Fortschritt leisten können, dass wir von den Städten und Zivilisationen der Zukunft ohne Armut auf diesem Planeten sprechen können?

Lassen Sie sich in eine neue Ideen- und Gedankenwelt einführen, neue Konzepte, die zweifelsohne eine Veränderung in privaten und öffentlichen Finanzsektoren weltweit herbeiführen werden.

Voraussetzung für positive Veränderungen sind allgegenwärtige Themen wie Gleichberechtigung und die wahre Anerkennung der Menschenrechte auf globaler Ebene.

Für alle Menschen dieser Welt wird es früher oder später zur entscheidenden Frage kommen: Was können wir uns heute noch leisten und was werden wir uns morgen oder übermorgen noch leisten können? Weshalb nimmt das Gesamtwachstum relativ betrachtet trotz immenser Investitionen von Großunternehmen stetig ab statt zu?

Was können wir dagegen tun?

Lösungen sind gefragt und die Zeit drängt, denn alles, was den Anschein erweckt, wird auf kurze oder lange Sicht keine positive Wirksamkeit mehr erzielen. Die Gefahr, dass Systeme jederzeit beginnen können zu kollabieren, ist leider ein Faktum, das wir ernst nehmen müssen.

Nach den Ereignissen der letzten Jahre war sich der Autor dieses Buches ungewiss, ob der Zeitpunkt zur Veröffentlichung des Manuskripts geeignet erscheint.

Tagtäglich sterben Tausende Menschen an den Folgen kriegerischer Auseinandersetzungen, Flüchtlinge, die um ihr Leben laufen vor Terroristen, Familien mit Kindern und ihren Großeltern, die schon fast kraftlos sind und nicht mehr können.

Unzählige Menschen, mindestens 65 Millionen an der Zahl, waren 2015 laut neuestem UNHCR-Bericht, weltweit unterwegs. Flüchtlinge aus Afrika, Syrien und Afghanistan sind immer noch bereit ihr eigenes Leben zu riskieren für eine Überfahrt über das Mittelmeer nach Europa, oder vom asiatisch-pazifischen Raum nach Australien, da die Hoffnungslosigkeit keine Umkehr mehr möglich macht, obwohl die Überlebenschancen gering sind im Falle eines Kenterns der Boote. Über den Landweg hingegen versuchen sie sich über das Schlepperwesen von Transportern, in welchen bei unmenschlichen Bedingungen die Erstickungsgefahr bereits nach kurzer Zeit droht.

Und schließlich die krankhafte Verrücktheit von radikalen terroristischen Tätern, die keine Gnade kennen, obwohl sie permanent gegen ihre eigenen Glaubensgesetze verstoßen. Am 13. November 2015 in Paris wurde es für Frankreich, Europa und den Rest der Welt zur traurigen Gewissheit, dass die rohe Gewalt nun auch Europa erreicht hat.

Über 300 Millionen Menschen waren und sind in den letzten 10 Jahren weltweit auf der Flucht und mindestens die Hälfte davon sind Kinder, die betroffen sind und immer noch ein Martyrium erfahren müssen, was man sich in zivilisierten Ländern nur schwer vorstellen kann. Diese Menschen sind traumatisiert und trotz der europäisch und nun auch weltweit anlaufenden Hilfsmaßnahmen nicht ausreichend versorgt.

Was wird geschehen? Wie soll die Entwicklung der Menschheit weitergehen? Ist sie bereits ihrem Untergang geweiht oder lässt sich noch Hoffnung schöpfen für die Zukunft?

Der Autor ist sich dessen bewusst, dass die Veränderungen in den letzten beiden Jahren nicht einfach sein werden für sämtliche verantwortliche Entscheidungsträger auf dieser Welt.

Manche Aufgaben lassen sich noch in den sicheren Hafen führen, für andere mag es bereits zu spät sein, da der entstandene Schaden bereits irreparabel und irreversibel ist.

Der Ernst der Lage muss allen politisch Verantwortlichen bewusst werden. Davon sind die G7-Länder (bis vor kurzem noch G8) und auch Russland nicht ausgenommen. Als Initiative sollten die eigenen Interessen und Vorgaben immer wieder überdacht werden, zum Wohle der Weltgemeinschaft. Aus Fehlern folgt hoffentlich Erkenntnis, aus Erkenntnis folgt Einsicht und aus Einsicht folgt meistens eine Wiedergutmachung, am Ende eventuell auch eine Reintegration.

Die wahre Kunst der Diplomatie ist immer mit Vielfalt verbunden. Um letztlich einen gemeinsamen Nenner zu finden, bedarf es Anstrengungen aller Beteiligter, die es aber zu überwinden gilt.

Es hat sich in den letzten Monaten gezeigt, dass kleine Fehlentscheidungen auch große Auswirkungen haben können. Mehr denn je geht es vor allem um Sicherheit generell, die es eventuell global zu koordinieren gilt, entgegen der zunehmenden weltweiten Gefährdung von Menschenleben.

Gesetzeshüter in einigen europäischen Ländern sollten sich auch vermehrt und ernsthafter mit der wieder aufkommenden Radikalisierung des rechten Randes befassen und mit neuen Gesetzen entgegenwirken. Es liegt noch nicht mal 70 Jahre zurück, als die Nürnberger Nachkriegsprozesse des 2. Weltkrieges die letzten Todesurteile an Kriegsverbrechern vollzogen haben. Nun gibt es wieder neue Generationen, die scheinbar der krankhaften Ideologie des Rassenwahns verfallen sind und sich versuchen im

Untergrund zu reorganisieren. Niemand sollte sich wegen Angstparolen zu solchen Gruppierungen verleiten lassen. Die Drehscheibe des Nationalismus hat es schon einmal gegeben und sie konnte nur mit hohen Verlusten aufgehalten werden. Es gibt in vielen Ländern Strafgesetze für jegliche Form der Wiederbetätigung. Aber es gibt auch Länder, und das innerhalb und auch außerhalb des europäischen Raumes, wo derartige Verhaltensformen immer noch straffrei bleiben. Um in Zukunft die Sicherheit aller europäischen Bürger zu gewährleisten, wird man sich in der nächsten Zeit auch im europäischen Parlament sehr darum bemühen müssen, die entsprechenden Gesetze dafür voranzutreiben.

Die Geschichte der Menschheit ist insgesamt gesehen ein ganz anderer Maßstab. Wir sollten uns bewusst werden, dass jedes Ereignis innerhalb von Zehntausenden von Jahren ein Hundertstel darstellt, als Zeitraum dessen, was wir in einem Jahrhundert als Geschichte dokumentieren. Es muss uns bewusst sein, dass alles vergänglich ist. Umso wichtiger wird unser Drang nach der Wahrheit, nach der Geschichte und der Dokumentation auch nicht nachlassen. Es wird immer am Ende eines Ereignisses eine Form der Weitergabe existieren, anhand dessen sich der Verlauf der Geschichte letztlich nicht mehr verleugnen lässt.

Die Zukunft der gesamten Menschheit steht mehr denn je auf dem Spiel, dessen sollten sich alle Verantwortlichen in Politik und Gesellschaft aller Länder dieser Welt bewusst sein.

Der Entstehungszeitraum dieses Buches von über drei Jahren gründet auf Beobachtung und Nachforschung von Ereignissen der letzten 10 Jahre, vor allem im Vergleich der sozialen Verhältnisse zur Realwirtschaft und den Finanzen-, Banken- und Staatskrisen, welche sich von einem Tief zum nächsten bewegen.

Der Staatshaushalt von Griechenland, der immer noch kurz vor dem Bankrott steht, weil kein vernünftiges Spar- und Entwicklungsprogramm von Beteiligten und politischen Verantwortlichen zustande gebracht wird, ist nur ein Beispiel.

Ein Bankrott des Landes lässt sich nicht mehr aufhalten, wenn die Sanierungen des Staatshaushaltes nicht in einer ausgewogenen Form zum Abschluss gebracht werden können. Der Prozess der finanziellen Regenerierung selbst wird wahrscheinlich einige Jahrzehnte andauern.

Deshalb mag auch die Frage erlaubt sein, wohin gingen diese unzähligen Milliarden an Euros, die für die Kredite aufgewendet wurden? Darüber wird kaum diskutiert. Vielleicht ließe sich die eine oder andere Milliarde zurückholen?

Auch in der Türkei bleiben so manche Fragen in Bezug auf Korruption von Finanzen und Schlepperwesen unbeantwortet. Wer hat in der Türkei die Millionen und Milliarden kassiert, welche Organisationen stehen dahinter, die im Zuge des Schlepperwesens und mit dessen Hilfe die Menschen am Ende mittellos nach Europa geschleust haben? Diese Milliarden können ja auch nicht so ohne weiteres verschwinden?

Dahin gehend sollte die Frage auch erlaubt sein, warum für diese kriminellen Machenschaften in der Türkei scheinbar niemand verantwortlich zu sein scheint, wenn der Ablauf wohlbekannt ist, aber die Polizei nicht einschreitet? Das Geld wurde den Flüchtlingen widerrechtlich abgenommen und sollte ordnungsgemäß rückerstattet werden.

Das Verantwortungsbewusstsein im Bankenwesen über die Kreditvergaben hat in den letzten Jahren zunehmend nachgelassen.

Man sollte auch die Frage stellen dürfen, wem eigentlich das Geld, das vom IWF, Eurobankengruppe, so großzügig verteilt wurde, gehört? Und an wen wurde es verteilt? Wie kann es sein, dass seit der Kreditauszahlung innerhalb von 5 Jahren fast jährlich 30 bis 40 Milliarden von griechischen Konten auf Schweizer Bankkonten transferiert wurden? Sind dort bereits Gelder von den 270 Milliarden der insgesamt 355 Milliarden an Schulden enthalten, die von der EZB und dem IWF an Griechenland ausbezahlt wurden? Und wem gehören diese Gelder jetzt?

Das sind die Fragen, die eigentlich von den zuständigen Beamten, Politikern und Funktionsträgern und Bankmanagern beantwortet werden müssen.

Das Buch ist als eine erste Manuskriptgrundlage gedacht, das die Option offenhält, weitere Themen eventuell in einer Buchreihe zu verfassen.

Es sollte zumindest dem Leser einen Eindruck vermitteln, wie es möglich sein könnte, unsere gesellschaftliche und wirtschaftliche Situation für alle Menschen auf dieser Welt zu verbessern und die zunehmend negativen Folgen daraus in eine positive sozial wohlgenährte gesellschaftliche Basis zu führen.

Es bedarf eines größeren und umfassenderen Beweises, dass wir heute mit den herkömmlichen uns noch zur Verfügung stehenden Ressourcen den Sprung in die nächsten Jahrzehnte und Jahrhunderte ohne größere Rückschläge überstehen werden können.

Wir können nicht mehr produzieren, als uns an Investitionsmitteln für Arbeits- und Beschäftigungsaufwand zur Verfügung steht. Einerseits wird und will die Weltbevölkerung wachsen, andererseits erreichen die Kosten für eine solche Entwicklung Dimensionen, die uns heute noch gar nicht bewusst sind. Man könnte es auch den Kreislauf des Mammons bezeichnen. Es besteht derzeit die Ansicht, solange jener aufrecht gehalten wird, ist es für die Weltwirtschaft keine Überlebensfrage.

Man spricht sogar von Abwertung oder Entwertung, was einer der größten Fehler wäre, sollte man solche Konzepte irgendwann mal versuchen umzusetzen.

Geleistete oder vollbrachte Arbeit kann nicht abgewertet werden, weil dadurch auf eine Art ein Kreislauf der Entwertungen in Gang gebracht werden würde, der wie ein Sogeffekt wirken kann, und dies hätte unabsehbare negative Auswirkungen zur Folge. Wertanlagen sind geleistete Wertanlagen, diese müssen einen entsprechenden Schutz erfahren, unabhängig ob privat oder staatlich. Die Handhabung von staatlichen Geldern und

Wertanlagen sollte generell strenger beaufsichtigt werden. Die mögliche Abwicklung von Haftungsverträgen oder der Verkauf von Staatsanleihen sollte einzelnen Personen als Entscheidungsträgern generell unmöglich gemacht werden, eventuell sogar nur mit Zustimmung mittels einer direkten Volksabstimmung.

Die wesentliche Frage, die sich stellt, ist die Frage des Mehrwerts!
Wie löst man die Unausgeglichenheit eines real zunehmenden Mehrwerts aller Leistungen?

Dazu gehört die Sicherheit vergangener und bestehender Leistungen als auch die täglich neu hinzukommenden Leistungen. Es bedarf neuer Regeln, dass alte Betriebe, die über die Börse oder außerhalb manchmal um 1 Dollar verkauft werden können, zumindest in ihrem Bestandswert geschützt bleiben. Um solche Entwicklungen in Zukunft zu vermeiden, sollten generell Mehrfachbesteuerungen unmöglich gemacht werden.

Die Großstädte auf dieser Welt sind in zunehmendem Maße im Wachstum begriffen. Alle zivilisierten Länder dieser Welt haben eine rasante Entwicklung hinter sich, wenn man die globale Geschichte mit der Stadtentwicklung in den letzten 200 Jahren zurückverfolgt. Die Lebensqualität in solchen Städten wird mehr und mehr zum zentralen Thema für Stadtentwicklungskonzepte. Projekte mit Zukunftscharakter sind gefragt.

Im zivilisierten Teil der Welt geht es uns eigentlich nicht so schlecht, wenn da die Probleme der Umwelt, der zunehmenden Arbeitslosigkeit und Kostenexplosionen nicht wären.

Der Gedanke, dass wir kurzfristig an Hunger oder Durst sterben könnten, fällt uns nicht primär ein.

Der Flächenanteil der technisch weiterentwickelten Gesellschaften ist im Vergleich von den normalen zum restlichen Anteil der globalen in wärmeren Temperaturzonen bewohnbaren Erdteile sehr gering.

Wir stehen erst am Anfang einer hochzivilisierten Gesellschaft, deren Entwicklung noch in den Kinderschuhen steckt.

Unser Bewusstsein ist im Moment noch sehr individuell auf unsere eigene Umgebung ausgelegt. Wir haben uns daran gewöhnt, dass wir sorgenfrei leben können, wenn uns nicht gerade die Verpflichtungen rufen, uns daran erinnern, dass wir unsere Jobs machen und für ein geregeltes monatliches Einkommen sorgen müssen, vielleicht die Verantwortung für Familie und Kinder haben.

Ohne Arbeit sieht es da schon wesentlich schlechter aus, existenzgefährdend wäre es, wenn es keine Sozialhilfen, Arbeitslosengelder oder Notstandshilfen geben würde. Aber zum Glück gibt es zumindest vorübergehend diese staatlich sozialen Einrichtungen und Institutionen.

Ansonsten gibt es in Bezug auf Versorgung keine wirklichen Probleme, außer dass wir uns immerzu beklagen, dass alles so teuer geworden ist. Einerseits nachvollziehbar, andererseits auch diskussionswürdig!

Global gesehen ist die Realität hingegen zum großen Teil ganz anders, als wir sie aus der fernen westlichen Welt täglich wahrnehmen. Derzeit ist die Versorgung von Gütern darauf ausgerichtet, ca. 1/3 der Weltbevölkerung zugutekommen zu lassen. 2/3 unserer Weltbevölkerung sind nicht ausreichend versorgt, werden durch unrühmliche Arbeitsmethoden ausgenutzt und haben so kaum eine Chance, einen sozialen Aufstieg oder zumindest eine ausgewogene Verbesserung zu erreichen.

Wenn das Gleichheitsprinzip fairer und gleicher Lohn für alle bei gleicher Arbeitstätigkeit nicht global definiert wird, kann es zu einer Low-Down-Entwicklung kommen, die dazu führen könnte, dass der Wert einer Arbeitsleistung in Zukunft generell abgewertet wird. Dies passiert zum Teil schon seit längerer Zeit mit Lohn-Arbeitszeit-Kürzungen. Und in der Dritten Welt helfen sich betuchte Unternehmen damit, dass Lohnkosten von Anfang an niedrig gehalten werden. Da es dort vor allem immer genügend Arbeitskräfte gibt, hilft man sich damit, bei Streikandrohung die Arbeitskräfte einfach auszutauschen.

Somit bleibt alles unverändert beim Alten und die Betriebe strukturieren sogar auf 24h-Schicht-Betrieb um.

Diese Art der Betriebsorganisationen und Strukturen laufen derzeit fast überall auf allen Kontinenten gleichermaßen, aber in besonders ausgeprägtem Maße in Südamerika, Afrika und im asiatischen Raum. Wobei für den asiatischen Raum angemerkt werden muss, dass die wirtschaftliche Entwicklung in 10-facher Geschwindigkeit abläuft im Vergleich zur amerikanischen Entwicklungsgeschichte der wirtschaftlichen Aufwärtsbewegung zwischen 1950 und 2000. Erste Bremseffekte haben schließlich seit der Ölkrise in den 70ern zur gemäßigteren Weiterentwicklung geführt.

In China, Japan und Süd-Korea sind im Vergleich zum Westen hochtechnologische Prozesse im Gange, die, falls sie nicht mit Unzufriedenheit in der Bevölkerung ausgeprägt werden, eine erste primär-futuristische Entwicklung in absehbarer Zeit entstehen lassen. Das hauptsächliche Problem in diesen hochzivilisierten Millionenstädten der Zukunft, mit welchem man in den nächsten Jahrzehnten zu kämpfen haben wird, ist die massive Umweltbelastung durch Umweltverschmutzung. Es wäre durchaus wünschenswert, wenn dieses Thema sobald wie möglich an Priorität gewinnen würde und man sich an den Projekten in Singapur als Beispiele orientieren würde. „Green high rising buildings" und „high rising gardens" wären ein erster Ansatz, Verdichtung und Begrünung der Städte in horizontal wie in vertikal ausgerichteten Gebäuden voranzutreiben.

Was die Kosten betrifft, so gibt es definitiv weltweit Übereinstimmung, jede Stadtentwicklung kostet, jeder Wiederaufbau nach einer Katastrophe kostet ebenso.

Die Einzelarbeit eines einfachen Arbeiters wird diese Kosten anteilsmäßig niemals gänzlich decken, geschweige denn leisten können.

Wir werden uns bald mit den Umständen konfrontiert sehen, dass es anderer Lösungen bedarf, um all diese herrschenden Probleme auf dieser Welt tatsächlich bewältigen zu können.

Der Autor dieses Buches ist der Ansicht, dass das Wissen in diesem Buch eine grundlegende Veränderung und gewaltige Verbesserung der unausgewogenen sozialen Verhältnisse auf der ganzen Welt herbeiführen wird.

Eine Idee kann ein Grundstein sein für kleine Errungenschaften, gleichzeitig kann aber eine Idee universelle Größe und Bedeutung erlangen. Diese Größe kann dann eventuell auch Dimensionen erreichen, die, insgesamt betrachtet, nur in einem größeren Maßstab zu bewältigen sein werden.

Die Idee des Autors, einen möglichen Konnex herzustellen, entstand aus der Beobachtung der aktuellen Situationen der staatlichen und wirtschaftlich finanziellen Umstände, die tatsächlich ohne Ausnahme alle Gesellschaftsformen auf unserer Welt betreffen.

Es wurden in den vergangenen Jahrzehnten Millionen, sogar Milliarden an Geldern aufgewendet, um eine möglichst effektive Lösung für Renditen und Kommerzlösungen von den besten Wirtschaftswissenschaftlern der Welt ausarbeiten zu lassen. Leider gibt es bis heute noch kein einziges zukunftsorientiertes und gerechtes System, das für uns Menschen eine 100%ige Sicherheit bieten kann, dass die Menschheit ohne größere Schwierigkeiten die gewaltigen finanziellen Probleme in den nächsten Jahrzehnten und zumindest bis zum Ende dieses 21. Jahrhunderts bewältigen wird.

Ich glaube, es gibt zu viele Theorien unzähliger Berater mit zu unterschiedlichen Ideen, die sich gegenseitig auch immer wieder widersprechen.

So gesehen ist es bislang auch sehr schwer, ein tatsächlich brauchbares Gesamtkonzept zu finden und als global gleichwertig zu betrachten. Jeder Staatshaushalt orientiert sich derzeit in einer Form an gegenwärtigen spekulativen Grundlagen in Form von Staatsanleihen zum Beispiel, um im Fall von Zinszahlungen möglichst geringe Kosten zu erzeugen oder bei Staatsanleihen-Ankäufen einen möglichst hohen Gewinn durch ausgestellte Zinsrechnungen zu lukrieren.

Im Jargon der Wirtschafts- und Finanzmathematik sind deshalb oft spekulative Berechnungen für Prognosen ein fester Bestandteil von Fonds- und Hedgefonds-Managern. So gesehen sind die Verlockungen, mit hohen Geldsummen die besten Anlageformen zu finden, um einen Gewinn abzuschöpfen, immerwährend vorhanden.

Unabhängig von der Forschung an akademisch wirtschaftlichen Instituten kontrollieren derzeit diverse Finanzprogramme an Börsen einen Großteil eines 5–7 Billionen-Dollarbudgets, welches täglich weltweit gehandelt wird. Trotz dieses gigantischen Budgets an den Weltbörsen sollten wir uns vor Augen führen, dass dieses ein reines Investkapital darstellt, welches in Form von Aktien und Fonds angelegt wurde, somit auch Sicherheitskapital von Unternehmungen garantieren soll.

Nehmen wir an, dieses Kapital würde man für ein neues sozioökonomisches Programm für die Allgemeinheit verwenden oder, wie es viele gerne möchten, einfach unter der Menschheit aufteilen. Dieser Gedanke scheint dem ersten Ansatz nach interessant zu sein, es bleibt jedoch ein großes Mysterium, was geschehen würde, wenn tatsächlich ein solches Programm gestartet werden würde.

Tatsache hingegen ist, dass wir trotz einer solchen Kapitalaufteilung nur ca. € 9.000,- bis € 11.000,- pro Kopf (unter 7 Mrd. Menschen aufgeteilt) erhalten würden und damit nur etwa 5 bis 9 Monate lang überleben könnten. Zusätzlich wäre ein Totalversagen der gesamten Weltwirtschaft die Folge sowie eine weltweite Arbeitslosigkeit von mind. 95 %.

Würde man ein Haushaltskonzept für 8 bis 15 Milliarden Menschen erstellen, dann wäre dies nur dann möglich, wenn es unserer Menschheit gelingen würde, den nächsten Schritt zu setzen, und als Erstes ein gesellschaftliches Gleichgewicht zu schaffen. Dafür gibt es nicht nur die Grundgesetze der Natur, sondern auch ein nützliches Instrumentarium, das uns Menschen erst die Modernisierung und Weiterentwicklung der letzten 70 Jahre ermöglicht hat, das **globale Grundgesetz für Menschenrechte**.

Von einem tatsächlichen Gleichgewicht sprechen zu können, davon sind wir derzeit leider noch weit entfernt. Es bedarf größerer und umfassenderer Maßnahmen, um die zukünftige finanzielle Sicherheit und die weitere Entwicklung der Menschheit zu gewährleisten. Wir brauchen eine global geprägte Basis.

Wir müssen endlich lernen uns gegenseitig mit uns selbst auseinanderzusetzen und globale Konfliktvermeidung zu tätigen.

Nur ein gemeinsames Konzept wird nicht nur kurz-, sondern langfristig auch global von Nutzen sein.

Die größte Gefahr besteht bislang in der Zunahme einer immer größer werdenden Verschuldungsspirale von Staaten mit bereits sehr hohen BIP-Werten und dem riskanten Handeln von Devisen mit Kreditanleihen und dem immerwährenden Spiel an der Börse, mit dem kläglichen Versuch, einen Mehrwert zu produzieren, um dadurch eventuell Gewinne abzuschöpfen.

Erstens sind diese Gewinne sehr selten und falls überhaupt, dann sind es meistens die großen Anleger, die die wahrhaft großen Gewinne machen. Eines muss jedem Börsianer jedoch bewusst sein, dass er mit jeder noch so kleinen Beteiligung sein eigenverantwortliches Risiko zu tragen hat.

Wie steht es hingegen mit verzweigten Verkaufsanleihen oder Fonds, die langfristige Bindungen voraussetzen? Niemand kann absolut voraussagen, wie viel Gewinn tatsächlich ausgeschüttet werden kann oder ob die Bank nicht mehr existieren wird, und somit zahlungsunfähig wird.

Selbst jene Mindestkapital-Ausschüttungen sind nicht zu 100 % gewährleistet, da auch da noch ein Restrisiko bestehen bleibt.

Betrachtet man den tragischen Status in Griechenland, dann wird uns bewusst, wie ernst die Lage eines bevorstehenden Bankrotts eines Landes sein kann, wo alle Wirtschaftsleistungen den Bach runtergehen, wenn das tägliche Flusskapital versiegt und die Einkaufshäuser leer stehen.

Die Lebensmittelversorgung aller Griechen war im Sommer 2015 bereits in höchstem Maße gefährdet.

Es scheint also eindeutig erkennbar, dass das Spiel an den Börsen und der risikoanteilige Markt der Banken eher undurchsichtig und daher auch ungeeignet erscheinen, ein seriöses Programm für die zukünftige sozialfinanzielle Absicherung der Menschheit zu bilden.

Abhängig von den Entwicklungen des Weltmarktes besteht eine positive Entwicklung nur dann fort, wenn alle kleinen Faktoren im Einklang miteinander sind und auch ein Wachstumsschub mittels Anfrage oder – ein anderes Wort – der sogenannten **Kaufkraft** als Primärfaktor erhalten bleibt.

Eine Wirtschaftsprognose kann nur dann ein positives Wachstum verzeichnen, wenn tatsächliche Voraussagen auch eintreffen. Leider ist dies in den letzten Jahren immer weniger der Fall. Es ist also nur eine Frage der Zeit, bis eine regelrechte Verarmungswelle auch die industriellen Länder dieser Welt aufsuchen wird, wenn es der Menschheit nicht gelingt, die Kaufkraft und somit den eigentlichen Wachstumsmotor wieder anzukurbeln.

Basierend auf der Grundproblematik einer sich entwickelnden Gesellschaft und der neuen nun aktuellen Flüchtlingsproblematik in Europa ist diese in allen Ländern dieser Welt gleich gediegen. Es bedarf nun also auch einer weltweiten wirtschaftlichen und politischen Vernetzung, um neue Primär-Faktoren zu setzen und eine gleichmäßige globale sozialwirtschaftliche Ausgewogenheit zu finden.

Dies müsste bald geschehen, denn die Leitzinssätze der Großbanken werden nicht immer so niedrig gehalten werden können, oder es würde – falls im Minus – eine tatsächliche Entwertung von Besitz und Vermögen und Geldanlagen stattfinden, was noch ein größeres Problem für die Zukunft darstellen wird, denn dies könnte weltweit geschehen. Ein nachfolgender Abwärtstrend wäre unaufhaltsam.

Der theoretische Ansatz, welchem sich der Autor nun widmet, soll seinem Leser einen Grundsatz vermitteln, aus welchem wieder Kraft und Hoffnung geschöpft werden kann, und zwar der spirituelle Grundgedanke, dass jeder Einzelne von uns Teil ist, in der besonderen Gegenwart, dem Jetzt und dem Heute, in dieser globalen und vernetzten Welt, in welcher sich anhaltend neue Möglichkeiten bieten, im Moment einer Erkenntnis, sich einer neuen Gedanken- und Ideenwelt zu öffnen.

Es muss uns allen bewusst sein; der Moment dieser Entscheidung ist der Augenblick der Wahrheit und der Verantwortung unseres gemeinsamen Schicksals. Solange wir die Erkenntnisse, die Möglichkeiten und die Mittel haben, etwas zum Besseren zu verändern oder zu verwirklichen, sollten wir die Zeit und die Chancen dazu nutzen und den Mut aufbringen, auch dies gemeinsam zu tun.

„Der Weisheit Fortschritt ist der Menschheit Einklang."
(Autor)

Wachstum und Sicherheit

Eine Zukunftsperspektive im Wandel der Zeit

Fassung zur Begründung einer globalen Lebensversicherungsbank als gleichwertiges Geburtsrecht für alle Menschen auf dieser Welt.

Concept for a global Initiation of one World-Life-Security-banc for the human being just from the beginning of birth.

Sehr verehrte Leserinnen und Leser, diese Fassung ist eine Grundlage und eine Begründung für ein neues gemeinnütziges Finanz-Konzept für die wichtigsten drei Lebensphasen der Menschen auf diesem Planeten. Da unsere Ein- und Ausgaben für ein bestimmtes Quantum an Lebensqualitäten ein Vielfaches von dem beträgt, was wir uns nach unserer Realwirtschaft gesehen wirklich leisten können, gibt es immer einen Mehrverbrauch ohne merkliche Einnahmen.

Das Geheimnis ist nicht in der Affinität zu den staatlichen Sparprogrammen zu finden. Das Grundkonzept orientiert sich auf einer durchschnittlichen Haushaltsrechnung, welche zukünftig generationsübergreifend funktionieren muss. Ob sie es derzeit kann, wäre grundlegend zu hinterfragen. In den letzten Jahren sind zudem Misswirtschaft und Börsenspekulation mit hauptverantwortlich, dass die Reduktionen des Konsums in allen Bereichen stark abgenommen haben. Deshalb ist es auch bedenklich und gleichzeitig nachvollziehbar, dass das Vertrauen ins Bankenwesen sehr tiefe Abstürze erlebt hat. Viele Menschen sind verunsichert, wenn sie hören, dass Spar- und Kapitaleinlagen in Krisenregionen kurzfristig abgehoben werden oder ins Ausland gebracht wurden. Die Ausgaben sind in den letzten Jahren gestiegen, auch durch vermehrte Preisangleichungen. Die Leistungen müssten anteilsmäßig fast das Vierfache von den Einnahmen betragen, die heute einen Durchschnittslohn in industrialisierten Ländern der Welt ausmachen. Gleichzeitig steigen mit den Mehrkosten und der Anhebung der Steuereinnahmen die Betriebskosten für Unternehmen, bei Verlusten oder auch Leerzeiten, die mittels wirtschaftlicher Rezessionen zustande kommen. Meistens sind die äußersten Konsequenzen eine Kostenreduktion in den internen Ausgabebereichen eines Betriebes, die zu einem Abbau oder sogar zur Schließung eines Unternehmens führen kann. Jede soziale und finanzielle Sicherheit ist an die Einnahmequelle eines Jobs gebunden. Eine Arbeitslosenversicherung ist einerseits von einer Gruppe der bereits Arbeitstätigen abhängig als auch vom weiteren Bestand der normalen Arbeitswelt. Wenn diese Arbeitswelt letzten Endes Belastungen ertragen muss, die nicht mehr zu bewältigen sind, dann erhöhen sich alle weiteren Kosten, die vom Staat auf die Dauer nicht mehr zu tragen sein werden.

Soziale Sicherheiten sind wesentliche Standbeine in einer funktionierenden Gesellschaft, welche immer von Einnahmen eines aktuellen wirtschaftlichen Ist-Zustandes abhängen. Leeren sich diese Kassen mehr, als sie sich füllen, ist es nur eine Frage der Zeit, bis die gesellschaftlichen Systeme ihre Leistbarkeitsgrenze erreicht haben.

Diese Erkenntnis betrifft nicht nur gesellschaftlich und technisch entwickelte Länder, sondern umso mehr jene Staaten, in welchen sich eine solche soziale Kapitalsicherheit im staatlichen System noch nicht entwickeln und erwirtschaftet werden konnte. Gerade in den Entwicklungsländern ist eine notwendige Sensibilität betreffend Wirtschaftswachstum geboten.

Der Schnitt der Einkommensverhältnisse ist dort bei Weitem noch nicht so weit gediehen, dass diese mit den westlichen Industrieländern mithalten könnten. Das Wachstum in diesen Ländern müsste mindestens das 50-Fache ausmachen, um in den nächsten 50 Jahren den Lebensqualitäts- und Wachstumsstatus eines fortgeschrittenen Industrielandes zu erreichen. Gerade in diesem Punkt müsste man differenzieren, Industrieentwicklung muss nicht in allen Ländern dieser Welt stattfinden, um höheren Lebensstandard zu erreichen. Das Prinzip von Produktaustausch und Handel sollte in Zukunft noch um ein Vielfaches intensiviert werden, gleichzeitig sollten tägliche Produkte und Nahrungsmittel lokal effizient gefördert werden, um eine Grundversorgung in Notfällen sicherstellen zu können.

Die Bedeutung der Ökologisierung und der Fortschritt des umweltbewussten Denkens und Handelns in den letzten 10 Jahren hat zunehmend Fuß gefasst in allen Ländern dieser Welt. Es ist notwendig, dass ein Umdenken stattfindet, da die Energie-Ressourcen, die die Menschheit vor allem in den Industriestaaten in den letzten 70 Jahren ausgeschöpft hat, langsam aber sicher zur Neige gehen. Investitionen sollten daher weniger in die Nachforschung restlicher Quellen gestopft, sondern jetzt bereits für alternative Energien als Vorsorge aufgewendet werden.

Die Sonne ist unser größter Energielieferant und Energiequelle für die nächsten 500.000 Jahre. Die irdischen Energieressourcen reichen höchstens noch für die nächsten 200 Jahre.

Wenn der Umdenkprozess in allen Ländern dieser Welt endlich abgeschlossen sein wird, kann sich die Menschheit auf langfristig umweltbewusste und generationsübergreifend erlebbare Energiebewirtschaftung freuen. Diese Umstrukturierung erstreckt sich in Kostendimensionen, die so gewaltig sind, dass ein neues wirtschaftliches Grundbewusstsein für den Welthandel Voraussetzung ist, um die bisherigen Strukturen aufgeben und umwandeln zu können. Es geht nicht nur um die Frage „Euro, Dollar oder Yen". Es geht um grundsätzlich existentielle Fragen. Welches Kapital gibt man auf, um auf neuen Wegen neue wirtschaftliche zukunftsorientierte Ressourcen zu schaffen?

Die Entwicklungsländer haben das Glück, dass sie Entwicklungsphasen der letzten 60 Jahre nicht gezwungenermaßen durchleben müssen, sondern sie können sofort mit dieser neuen ökologischen und ökonomisch bewussten Neustrukturierung beginnen. Investitionen in Solarkraftwerke und Solarthermie, Windkraftanlagen und neuartige Wasserkraftwerke, Speicherkraftwerke,

Wasser, Biogasfiltration und Ökoeffektive Rematerialisierung auch „Bio Cascading" genannt oder Hochtemperatur-Speicher, aber auch Wasserstoffspeicher werden mittels Solarenergie und erzeugter Elektrolyse den zunehmenden Energiebedarf abdecken können. Die Sonne liefert uns täglich Energie, die wir heute noch nicht nutzen, aber in Zukunft den Bedarf für 70 Mrd. Menschen decken könnte!

In den Entwicklungsländern gilt es auch, mittels Investitionen die richtigen Schritte für die nächste Zukunft zu setzen, damit eine **Reökologisierung, Renaturalisierung** der aus- und abgebrannten Wald- und Urwaldgebiete und Grünzonen, vor allem in den ausgetrockneten Gebieten stattfinden kann.

Das kostet ebenfalls gewaltige Summen. Diese Investitionen werden aber notwendig sein, falls die Menschen verhindern wollen, dass die landschaftlichen Zerstörungen und Ausbeutungen auf unserem Planeten überhandnehmen und den nächsten Generationen jegliche Lebensgrundlagen entziehen. Die Klimazonen auf unserem Planeten verschieben sich zunehmend und geraten dadurch auch langfristig aus dem Gleichgewicht. Der Autor ist der Ansicht, dass der hauptsächliche sich verändernde globale Klimaeinfluss vom afrikanischen Kontinent ausgehen wird. Die zunehmenden Wüstenzonen begünstigen vor allem die Ausdehnung der heißen Klimazonen nach Norden. Das Mittelmeer bildet einen gewissen Puffer nach Europa. Aber bereits heute ist das heiße nordafrikanische Klima schon ausgeprägt spürbar in Südeuropa. Im Gegenzug wird die pazifisch australische Zone trotz Zehntausenden von Jahren anhaltender Trockenheit erste marsähnliche Sturmzeiten erleben, die auf die Lebensqualität in Australien entscheidenden Einfluss nehmen werden. Neu entstehende Brandherde in ausgetrockneten Gebieten sind derzeit bereits keine Seltenheit mehr, ob in Europa in Süd-, Mittel- oder Nordamerika, wie zum Beispiel letztens die Brandkatastrophe in Kanada 2016 gelten bereits als deutliches Warnsignal.

Die zunehmende Vergrößerung der Wüstenzonen weltweit ist ein mahnendes Zeichen für das größte Problem dieses Jahrhunderts, die Trinkwasser- und Grundwasserversorgung in allen austrocknungsgefährdeten Ländern auf dieser Welt. Die problematischen Wasserversorgungen in Kalifornien, in Brasilien und Indien sind weitere ernst zu nehmende Beispiele neben den primär bereits ausgetrockneten arabischen Regionen.

Das Überdauern der Naturgebiete und Landwirtschaftsgebiete wird vor allem von den sensiblen Behandlungen des Menschen abhängig sein. Ausbeutung führt leider nicht zum Ziel. Alles muss wachsen, gedeihen und sich vor allem regenerieren können, dazu ist eine ganz große Menge an Wasser notwendig.

Über 70 % der Oberfläche auf unserem Planeten ist mit Wasser bedeckt. Das bedeutet die restlichen 30 % sind reine Landflächen.

Wasser ist unser eigentlicher Lebensspender auf dieser Welt. Ohne H2O würde gar nichts funktionieren und wir könnten nicht existieren.

Ein Großteil der auf dem Land lebenden Pflanzen produziert unseren hauptsächlichen täglichen Bedarf an Sauerstoff mittels Photosynthese. Was aber noch nicht so bekannt ist, sind die großen Sauerstoff-Speicher und Klimaregulatoren, unsere Weltmeere. In etwa 75 % des Sauerstoffs auf dieser Welt wurden noch vor 25 Jahren als Prozentwert angenommen, die über die Weltmeere erzeugt wurden, heute sind es noch ca. 50 %. Diese Erkenntnis alleine ist bereits als Alarmsignal zu werten. Das Meer ist gleichzeitig ein Klimaregulator für das Weltklima, das wir täglich in seiner zunehmenden Instabilität beobachten dürfen. Zudem ist auch in der Zwischenzeit wissenschaftlich fundiert, dass die Weltmeere zunehmende sauerstoffarme und absterbende Zonen besitzen. Durch die Erwärmung aufgrund des Klimawandels werden die warmen Wasserschichten an der Oberfläche gehalten und verhindern eine gleichmäßige Durchmischung der Tiefengewässer. Es findet keine „Belüftung" der Gewässer mehr statt und der CO^2-Überschuss wird stets zunehmend schwächer abgebaut. Das Meer ist aber unser Reservoir und mit 100%iger Sicherheit die

Trinkwasserversorgung der Zukunft. Wenn die Gletscher in den hochalpinen Gebieten verschwunden sind, das könnte bereits in 10 bis 20 Jahren der Fall sein, gibt es keine Trinkwasserreserven mehr und die Landschaftsgebiete trocknen aus, weil die Flüsse immer weniger Wasser führen. Die alljährlichen Brände in heißen Zonen nehmen dann stetig zu und trocknen die bereits grundwassergeschröpften Gebiete noch mehr aus. Die Sauberkeit der Weltmeere wird ein wesentlicher Bestandteil für das Überleben der Menschheit in der Zukunft sein.

All diese Umstände sind nicht gerade positiv zu werten, bedeuten sie doch Veränderungen für unsere Umwelt und vor allem für die Menschen. Ein Gewinn mittels Wachstum nach den bisherigen Methoden der Menschheit wird bald nicht mehr möglich sein. Deshalb ist dringend ein Umdenken geboten. Investitionen können, müssen und dürfen nur noch in zukunftsorientierte Projekte fließen, welche die Sauberkeit und Sicherheit unseres Planeten gewährleisten können.

Nur darauf kann unsere Weltwirtschaft aufbauen. Betrachten wir nochmals die derzeit aktuelle wirtschaftliche Diskussion. Kapitalsicherheit ist das Stichwort, welches unsere Gesellschaft in den nächsten Jahrzehnten prägen wird. Ob Eurobonds oder ESM, wie bereits auf EU-Ebene angeführt, eine Lösung sein können, um den europäischen Finanzmarkt im Verhältnis zu den anderen Finanzmärkten zu stabilisieren, kann im Moment niemand voraussagen. Was aber eindeutig erkennbar geworden ist in den letzten 2 Jahren, ist, dass interkontinentale Kapitalmärkte versuchen ihre Kräfteverhältnisse auf Basis der spekulativen Börsentätigkeiten gegeneinander aufzuwiegeln. Es kann nicht sein, dass amerikanische Investoren über Ratingagenturen gelegentlich Bankeninstitutionen und Aufsichten auf dem europäischen Markt ansiedeln, aber gleichzeitig versucht wird europäische Banken und Investitionsfonds europäischer Institute auf den Prüfstand zu bringen und damit zu destabilisieren. Die EZB hat zum Glück genügend Kapital auf der Seite. Aber auch dieses Kapital ist nicht unbegrenzt vorhanden. Erkennbar ist dies daran, wenn der Währungsfonds beginnt seine Bedenken oder Einwände vorzubringen. Die größte Sicherheit in Europa bilden die privaten Kapitalbestände und Investitionssicherheiten, da diese nur im Einverständnis mit dem Besitzer berührbar sind. Und diese sollten unberührbar bleiben, denn damit wird erst der wahre Wert eines Tripple-AAA-Ratings erkennbar.

Finanz-Transaktions-Besteuerung sollten ein weltweites Anliegen werden, weil damit eine globale verbundene Fairness im Wettbewerb der Versteuerungen gegeben wäre. Wenn gewisse Länder, die selbst sehr hoch verschuldet sind, sich nicht daran beteiligen wollen, weil sie einen Abzug von Investoren oder ertragreiche Börsenkäufe befürchten, obwohl sie damit eine wesentliche Aufbesserung der Finanzkassen erfahren würden, dann ist das eine Entscheidung, die einer individuellen staatlichen Verordnung gleichkommt. Diese aber darf die Bereitschaft zu einer Weiterentwicklung in anderen Staaten betreffend staatliche Finanzsicherheit nicht beeinflussen.

In den USA ist das Problem gegeben, dass derartige Märkte auch in den vorhandenen staatlichen Finanzmarkt verstrickt sind. Der amerikanische Wirtschaftsmarkt lebt zu 50 % vom Wirtschaftseinkommen von 15 % der reichsten Investoren und Unternehmer, welche den amerikanischen Arbeitsmarkt am Leben erhalten. 10 % der reichsten Unternehmer verdienten 2007 50 % des Einkommenshaushaltes der USA. Das heißt, 90 % der Bevölkerung hatten Anteil an den restlichen 50 %. Gerade diese Zahlen zeigen, dass dieses System mit großen Risiken behaftet ist. Derzeit sind über 15 Billionen US-Dollar an Verbindlichkeiten gebunden. 16 % der Bevölkerung gelten in den USA als arm, das betrifft dort immerhin über 50 Millionen Menschen.

Deshalb ist der vor kurzem auch in Amerika gesetzte Schritt zur Einführung einer verpflichtenden staatlichen Sozialversicherung, wie Kranken- und Arbeitslosenversicherungen ein wesentlicher Beitrag, um einen staatlichen Haushalt zu stabilisieren.

2013 war in den USA das Wirtschaftsdefizit in besten Zeiten bei BIP −8,3 % angegeben, zum Vergleich dazu in Spanien bei

BIP −8,5 %. In den USA betrug 2013 die Bruttoverschuldung des Staates über BIP 108,9 % und in Spanien noch bei BIP 68,5 %, das sind fast 40 % weniger. Trotzdem haben 2013 die Ratingagenturen in der schlechtesten Wertung für die USA ein „AA+" und für Spanien ein „Baa3" gesetzt, eine etwas bedenkliche Ungleichheit. Spanien hätte demzufolge mindestens eine Wertung von „Aa1" oder „Aa2" bekommen müssen.

Wenn ein gewisser Prozentanteil der Bevölkerung in den USA nicht die Bereitschaft dazu hat, sich an diesen Pflichtversicherungssystemen für Kranken- und Pensionsvorsorgen zu beteiligen, dann nur unter der Voraussetzung, dass die eigene Versicherung bzw. Übernahme der Finanzsicherheit gewährleistet ist für den Eintritt im sogenannten Bedarfsfall einer zu geringen Beteiligung an Sozialleistungen.

Das würde bedeuten, dass nur unter Nachweis des eigenen vorhandenen Kapitals für besondere individuelle Eigenbedürfnisse dieses dann auch zur Verfügung stehen muss.

Vieles muss diskutiert werden, aber dahin gehend müssen auch gemeinsame Veränderungen mitgetragen werden und auch im gesellschaftlichen Rahmen weiterhin ihre Akzeptanz finden.

Die Pensionsversicherung wurde als Thema genauso wie die Kinder- und Jugendversicherung noch nicht angesprochen, wird aber in diesem Buch einem besonderen Augenmerk unterzogen.

Insgesamt lässt die Erkenntnis der finanziellen Krisen ein ungenügendes Gesamtbild erscheinen. Nach und nach wird erkennbar, dass die Rechnung niemals aufgehen kann und es nur noch eine Zeitfrage ist, wann die Leistbarkeitsgrenzen erreicht sein werden, welche mehr und mehr zum Tragen kommen. Dominosteine gibt es genügend. Die Hoffnung, durch spekulative Gewinne oder durch exzessive staatliche Verschuldungen mittels fast permanenter Aufnahme von Krediten Finanzlösungen herbeizuführen, ist ein gewaltiger Irrtum, wird aber derzeit am Welthandelsmarkt ohne Rückversicherung betrieben. An der Börse sollte nur gespielt werden dürfen, wenn das Eigenkapital mit mindestens dem doppelten Versicherungswert gegeben ist und nicht andere Personen dadurch zu Schaden kommen. Alles andere ist ein unverantwortliches Risiko. Deshalb bedarf es auch hier neuer Spielregeln. Riskante Spekulationen können sich auch gefährlich und unfair auf seriöse spekulierende Handelsfirmen auswirken. Ein ganz wesentlicher Aspekt wäre demnach auch eine Neuregulierung der privaten kapitalgebundenen Anlagen bei Banken, die dadurch ein Investmentkapital lukrieren, um damit auch nebenbei Spekulationsgeschäfte zu tätigen. Dies sollte ebenfalls schrittweise unterbunden werden. Nur eigene nicht in fremdem Besitz befindliche Geldanlagen sollten die Banken eventuell für spekulative Zwecke verwenden können und nur dann, wenn das ausdrückliche Einverständnis des Kapitalanlegers gegeben ist.

Wenn wirtschaftlich entwickelte Länder wie Österreich, Deutschland und England wirtschaftliche Einbußen zu erleiden haben und Amerika sich sehr weit von einem Schuldenausgleich entfernt hat, wie mag es wohl den restlichen 4/5 Bewohnern unseres Erdballs ergehen? Viele Menschen arbeiten täglich sehr hart, um wenigstens ein bisschen ihrer Einnahmen für Ernährung ausgeben zu können. Viele Menschen sind oft bereit sogar zu hungern, wenn nach Unterkunft oder Miete oft nicht viel übrig bleibt, deshalb wird die Lebensqualität zusätzlich noch beeinträchtigt oder kann sich erst gar nicht entwickeln oder entfalten.

Es ist eines der besonderen Anliegen in diesem Buch, die Differenzierungen und aktuellen Themen der unterschiedlichen existentiellen Abhängigkeiten von Finanz- und Kapitalmärkten, welche angesprochen und beschrieben wurden, aufzuzeigen, dass das glücksspielartige Treiben von vergleichbaren Spekulationstätigkeiten an den Börsen nicht genug Sicherheit bieten kann, um den Bedarf einer menschenwürdigen Versicherungsveranlagungsform für die Zukunft zu decken. Die Ergebnisse und Erkenntnisse der letzten Jahre haben gezeigt, dass es derzeit eine sehr große Abhängigkeit gibt, wie Finanzmärkte agieren bzw. reagieren, und das meistens geleitet oder ausgehend von Börsen und finanzkräftigen Institutionen. Ein Staat darf sich niemals so weit verschulden, dass Entscheidungen auf politischer Ebene von börsenspekulativen Kursentwicklungen abhängen oder von diesen abhängig gemacht werden. Das ist derzeit leider nicht der Fall. Das Ansteigen der Staatsverschuldungen innerhalb und außerhalb der Eurozone ist auch ein Zeichen dafür, dass dringender Handlungsbedarf besteht, diese unterschiedlichen Abhängigkeiten der Finanz- und staatlichen Kapitalmärkte gegenseitig mittels gesetzlicher Grundlagen zu lösen. Eine Staatsbank eines Landes muss die Möglichkeit haben Kontrolltätigkeiten an Banken regelmäßig durchzuführen, über die spekulativen Aus- und Eingänge zum Beispiel oder über immense Beträge, welche über Transaktionen auch vor allem international durchgeführt werden. Es kann und darf aber niemals eine Situation eintreten, welche die Staatsbanken von dieser Kontrollfunktion der fahrenden Finanzzüge derart entbindet, dass ein Staat bis kurz vor einem Staatsbankrott zu stehen kommt und das finanzielle Desaster der Banken in diesem Land damit besiegelt wird. Es müssen diesbezüglich ganz neue Regeln und Gesetze geschaffen werden, anhand welcher Kontrollinstitutionen regelmäßig diese Funktionen durchführen dürfen, wie zum Beispiel unabhängige Finanzinstitutionen auf Basis oder im Auftrag von Rechnungshof-Ämtern, um parallel zur Kontrollfunktion von Finanzämtern agieren zu können. Prüfungsinstitutionen können auch beauftragte Institutionen sein und diese sollten ebenfalls international agieren dürfen.

Um den Ansatz einer Diskussionsgrundlage zu geben, unabhängig von den derzeitig vorherrschenden Handels- bzw. Denkweisen unterschiedlichster theoretischer Ansätze und wirtschaftlicher Grundsätze, möchte der Autor nun in diesem Buch eine

„Fassung zur Begründung einer globalen
Welt-Lebens-Versicherungsbank für alle Menschen"

beschreiben und allen begeisterten Leserinnen und Lesern unterbreiten. Das Konzept, welches nun der Autor dieses Buches präsentieren möchte, basiert auf einem einfachen existentiell vorbestimmenden Grundsatz:

Jeder Mensch, welcher von Geburt an Teil an der sozialen Lebensgemeinschaft in dieser Welt wird, darf an den Grundsatzbestimmungen der Menschenrechtskonvention, welche in Genf bestimmt wurden, auch Anteil nehmen, unabhängig von Banken und finanzstaatlichen Institutionen, welche für deren eigene Bilanzen und Jahresbücher bezüglich Kapitalflüsse gerade stehen und Nachweise erbringen müssen.

Kapitalflüsse von Banken und Veranlagungen bezüglich Staatshaushalte müssen generell und dezidiert getrennt von dem Sozialversicherungskapital für die Menschen verlaufen. Geldanlagen, welche grundsätzlich primär dem Menschen und nicht dem Staat zugeordnet werden, können damit vom Versicherten selbst und nicht vom Staat und/oder von einer Bank in Anspruch genommen werden.

Als weiteres wäre auch interessant zu überlegen, ob einige Punkte der europäischen Charta für Menschenrechte auch in die UNO-Menschenrechtskonvention aufgenommen werden könnten.

So wäre das Recht eines jeden Menschen definiert, es wäre nur noch notwendig, diese Gesetze und Regeln auch einzuhalten. Bedauerlicherweise wird längst nicht alles trotz Kenntnis der Gesetze so wahrgenommen oder tatsächlich auch alle Menschen nach diesen Regeln so behandelt. Deshalb wird es wichtig sein, diese Grundsätze der Menschenrechte noch mit weiteren Punkten zu ergänzen.

Das Ausnahmeverhalten in vielen Ländern dieser Welt führt dazu, dass durch bürgerkriegsähnliche Zustände Unfrieden und Chaos geschaffen wird. Es genügt uns nicht nur angesichts unseres schlechten Rufes und der bisher traurigen Ereignisse unserer Menschheit, die Umwelt auf unserem Planeten in vielfach zerstörender Weise auszubeuten, sondern es müssen die Menschen selbst mehr und mehr zum Opfer ihres gegenseitigen widerlichen Verhaltens werden. Das kann zu keinem guten Ende führen. Die Weltbank, der Währungsfonds IWF, die Institutionen der

UNO benötigen noch ein weiteres Instrument der versichernden Finanzierungen als unterstützendes Mittel für die Konsumkraft der Menschen, des Wachstums und vor allem, um der derzeit immens bedrohlich zunehmenden Armut auf dieser Welt entgegenzuwirken. Wenn es uns nicht gelingt, diese Probleme in den Griff zu bekommen, werden die negativen Folgen unabsehbar sein. Und wie in den meisten Fällen hilfsbereiter Institutionen von Hilfsprojekten und Projekten für Spendenaufrufe fehlt es überall in der Welt an finanziellen Mitteln. Das derzeitige Verhältnis von selbstverständlicher privater Spendenfreudigkeit ist ohne besondere mediale Unterstützung kaum noch wirksam, wenn man dies mit dem prozentuellen Bevölkerungsanteil von vor ca. 20 Jahren vergleicht, alle kleinen spendenabhängigen Institutionen auch in Österreich kämpfen bereits heute um ihre Existenz.

Wachstum ist die Basis für alles, was wir in unserer Welt mit Leben in Verbindung bringen. Die Fortpflanzung ist für die Natur und für den Menschen als Teil dieser Natur ein unumstößliches Grundrecht.

Dieses zu beeinflussen würde bedeuten, dass man nur noch kontrolliertes Bevölkerungswachstum ansprechen würde. Soweit darf es nicht kommen, wenn wir die Entwicklung unserer Menschheit bis in die Vergangenheit zurück beobachten und von nun an in ganz anderen Grundlagen definieren …

Die Wissenschaft der Mathematik zum Beispiel ist für viele Schüler oft kein besonders attraktives Fach, wenn man aber darin geschult wurde, ein Studium absolviert hat, kann man sehr viele Forschungs- und Fachgebiete erweitern und auch entdecken.

Eines davon wäre zum Beispiel die zukunftsorientierte Dimensionsmathematik, ganz einfach beginnend, was kostet der Mensch heute, in 10 Jahren, in 100 Jahren oder in 500 Jahren?

Bisher wurde die tatsächliche Arbeitsleistung eines Versicherten gerechnet, um dessen Zukunft in Zeiten seines späteren Ruhestandes gewährleisten zu können.

Warum arbeiten wir alle so viel und trotzdem können wir uns kaum etwas leisten, und von Jahr zu Jahr wird es immer schwieriger und mühsamer zugleich, dies auch bewerkstelligen zu können?

All diese Fragen sind zentral, werden auch gestellt, bleiben aber unbeantwortet.

Diese Probleme sind tatsächlich nicht politisch oder sozialtheoretisch zu lösen.

Dies schafft nur die Mathematik!

Sparen ist einerseits ein wesentlicher Faktor, aber er darf niemals zur Abwertung führen. Wenn Gelder lukriert werden, dann gibt es nur die Möglichkeit, an den Ursachen direkt zu wirken. Solange die Kosten verursachenden Stellen nicht behoben sind, kann es keine Verbesserung auf Dauer geben. In den meisten Fällen ist es nur ein Tropfen auf dem heißen Stein und eine Wiederholungsgefahr ist ebenfalls gegeben.

Verfassungsrechtlich wäre zudem auch ein Abzweigen von Geldern an Sparguthaben, wie es während der Zypern-Krise der Fall war und vom IWF weltweit vorgeschlagen wurde, kaum eine Lösung. Denn hier wird wiederum nur ein Effekt erzielt, die Entwertung von Anlagen und die Abwertung der Güter im betreffenden Land, in diesem Fall sogar von Eigenguthaben, also erwirtschafteten Gütern. Man stelle sich nur vor, **10 % der gesamten Sparguthaben auf der ganzen Welt**, nach neuesten Angaben des IWF, sollte scheinbar dazu führen, dass der Status quo vor der letzten Weltwirtschaftskrise wiederhergestellt wäre. Also würde das bedeuten, dass alle Sparer, sogar jene, die bereits mehr als 30 bis 50 Jahre gearbeitet haben, 10 % ihres hart erarbeiteten Kapitals dem Staat und den Banken zur Verfügung stellen sollten. Diese peinliche Erkenntnis des IWF Ende 2013 sagt bereits alles darüber aus, wie schlecht es uns im Moment wirklich geht.

Das Ziel kann nur sein, einen gegenteiligen Effekt zu erreichen mittels *zusätzlichen* Kapitals, welches gleichmäßig und gleichwertig allen Menschen, und zwar allen Menschen auf dieser

Welt, unabhängig welchen Alters oder Geschlechts, mittels eines Mehrwertausgleiches zur Verfügung gestellt wird. Diese jährlich weltweit zunehmenden Mehrwertkosten könnten mit der Einführung der GLS-W-Bank (= GLOBAL-LIVE-SECURITY-Worldbank) gedeckt werden und zudem die Haushaltskosten aller Staaten wesentlich senken und somit auch deren Steuern.

Falls bei den Banken jene Verursacher der staatlichen Wirtschaftskrisen zu finden sind, dann ist dort aber nicht auf Kosten der Kunden, sondern auf Kosten der Bank die gegenteilige Leistung zu verrechnen. Die Bank muss zudem auch für die Eigenverschuldung aufkommen. Es kann nicht sein, dass Gelder anderweitig lukriert werden. Sowohl der Kunde als auch der Steuerzahler sollten also die Letzten sein, die das zu spüren bekommen.

Mein neues Konzept einer GLS-W-Bank ist das Modell einer neuen Welt-Bank für den Menschen ohne Einflussnahme und nicht für die Banken dieser Welt.

Sie bietet ganz andere Lösungen an und bezieht die Möglichkeit mit ein, auch auf globaler Ebene wirksam zu werden.

Weshalb werden wir Menschen ein solches System benötigen?

Es gibt ein einfaches Rechnungsmodell, das in Bezug auf Lebensdauer eines Menschen bezogen werden kann. Der Mensch wird in einigen Jahren bereits die durchschnittliche Altersgrenze von 100 Jahren erreichen. Alle bisherigen vorhandenen Finanzmodelle sind für dieses Berechnungsmodell nicht gerüstet und somit auch nicht anwendbar. Jeder Mensch (auf dieser Welt, dies muss alle armen Menschen auf dieser Welt mit einschließen, also über 7–8 Mrd.) wird in Zukunft monatlich mind. 1800.- bis 2500.- Euro benötigen, um seinen Lebensunterhalt zu verdienen, sich selbst ernähren und erhalten zu können. Wie weit die Realität von den derzeit tatsächlichen vorhandenen Werten abweicht, ist erkennbar, wenn sie die Summe 7 Mrd. x 1800.- monatlich berechnen, weltweit müssten demnach monatlich ca. 12,6 Billionen Euro an reinem Verbrauch bzw. Lebensaufwand berechnet werden, um eine einigermaßen stabile finanzielle Sicherheit für alle Menschen auf dieser Welt zu gewährleisten.

Konsum ist der Schlüssel des Ganzen, nimmt man den Menschen das Geld, haben sie auch kein Geld mehr, um etwas konsumieren zu können. Wenn es keinen Konsum mehr gibt, kann es auch keinen Handel mehr geben, dort wo kein Handel mehr stattfindet, gibt es auch keine Produkte mehr, die verkauft werden können.

Der Billigmarkt wird sich eher noch am längsten halten. Aber das Allerwesentlichste ist der Bereich der Produktion, dieser kommt dann zum Stillstand, wenn Produkte nicht mehr verkauft werden. Und diese letzte Stufe hat in den letzten beiden Jahren bereits begonnen. Das bedeutet auch, dass die beiden vorherigen Phasen bereits durchlaufen wurden oder in anderen Gebieten derzeit durchlaufen werden. Es findet dann keine Produktivität mehr statt. Jedenfalls ist es kein gutes Zeichen, wenn keine Investitionen mehr getätigt werden, es geht nicht mehr um die Reichen, diese können sich in 30 Jahren auch noch gut ernähren. Nein, es geht um den Mittelstand, welcher in unseren Landesteilen der EU-Regionen, aber auch in anderen interkontinentalen Regionen in nächster Zeit betroffen sein wird. Das Abrutschen vom Mittelstand in die Armut hat bereits begonnen und ist eigentlich der gefährlichste Faktor von allem, da davon mind. 2,5 Mrd. Menschen der Welt (spez. der industrialisierten Länder) betroffen sein werden. Indirekt wären auch die bereits sehr armen Menschen, die immerhin auch bald mehr als 4 Mrd. ausmachen werden, betroffen, da der Mittelstand keine Spenden mehr geben wird können, und die Reichen wahrscheinlich nicht mehr bereit sein werden mehr zu opfern, als sie bereits geopfert haben. Die Mittel werden über kurz oder lang einfach nicht mehr zur Verfügung stehen. Ein wirtschaftliches Börsenplus kann und noch dazu auf Risiko dieser ganzen Problematik nicht Abhilfe schaffen. 3.000–5.000 Mrd. €, die täglich an den Börsen weltweit gehandelt werden, können den Kostendimensionen, die eigentlich im Raum stehen, nicht entgegenwirken. Jährlich müsste jedem Menschen auf dieser Welt ein Mindestkosten- und Investitionsanteil von ca. 22.000.- Euro zur Verfügung stehen. Dies wäre ein Umsatzvolumen von 154 Billionen Euro, die wir im Traum vielleicht, aber nicht in den nächsten 50 Jahren erreichen werden. Es braucht ein paralleles Finanzsystem, welches erstens alle Grundkosten, die zum Überleben eines Menschen wichtig sind, decken kann. Dieses System muss international vertraglich geregelt und auf Basis der Selbstfinanzierung und außerhalb der Weltbank, des Währungsfonds, außerhalb der Rangordnung der Banken bzw. sich selbst und frei bewegen können.

Sämtliche Banken der Welt verlieren den notariellen 1. Rang, somit wird eine neue Ebene geschaffen, die der Negativ-Wirtschaft entgegenwirken kann, vertraglich wäre eine Vereinbarung mit den Banken möglich, um zumindest den Kostenanteil von offenen nicht zahlungsfähigen Krediten, welche zumindest anhand dieses Systems zuerst getilgt werden könnten, aber nur unter der Voraussetzung, dass die jeweilige Bank den 2. Rang vertraglich unterzeichnet hat, sonst könnte sie noch mehr verlangen, und das wäre von vornherein zu unterbinden!

Ich glaube einen Weg gefunden zu haben, diese Grundlagen für ein solches System zu schaffen und eventuell global zu vereinbaren. Unter diesen Voraussetzungen wäre dann ein sogenannter Neustart „New Financial Reboot" möglich.

Zur Erklärung:

Es geht um den realen ökonomischen Mehrwert, welcher sich vom derzeitigen ökonomischen Verteilungs- bzw. Aufteilungsgedanken vehement unterscheidet! Eine Aufteilung wird uns auf Dauer nicht viel nützen und würde zudem auch noch Unfrieden stiften, nach dem Motto niemand wird freiwillig etwas hergeben! Deshalb ist der Ansatz, in diese Richtung zu denken, bereits falsch!

Der tägliche Kostenaufwand und Mehrwert ist ein Zuwachsbegriff, der Mensch kostet tatsächlich mehr, als er jemals leistet oder auch leisten wird!

Es würde sehr vielen Menschen auf dieser Welt helfen. Dazu wäre jetzt richtig die Gewichtung der Finanzierung von Banken an zweite Stelle und die der Menschen an erste Stelle zu rücken. Denn die Unzufriedenheit wächst leider merklich. Keine Kosten mehr auf Rücken der Menschen, sondern nur bei den Verursachern, und natürlich sind nebenbei die staatlichen finanziellen Haushalte generell in Ordnung zu bringen.

Die GLS-W-Bank gewährleistet jedem einzelnen Menschen auf dieser Welt, nur für ihn selbst da zu sein, und bleibt unberührbar seitens der Banken, der Staaten und der Justiz, wenn keine Delikte vorliegen.

Dies wird die Voraussetzung sein, dass sich ein solches Konzept auch umsetzen lässt.

Mehrwertkosten und Mehrwertkostenausgleich

Tatsächlich sind die sozialen Gegebenheiten derart abweichend, dass für die Menschen innerhalb einer Gemeinschaft eine gesellschaftliche Gesundung nur dann erreicht werden kann, wenn die Gleichwertigkeit aller Menschen gegeben ist. Wenn für jeden Einzelnen von uns Menschen die Bedürfnisse und das Recht auf Leben, Wohnen, Arbeiten, zu essen und eine Weiter- und Fortbildung gewährleistet sind, wenn die Bedeutung von Familie wieder etwas ganz Besonderes wird und wenn wir es schaffen, allen Kindern dieser Welt, ob Mädchen oder Buben, diese Gleichwertigkeit auch zu vermitteln, und dies von Geburt an. Die Notwendigkeit für eine derartige Veränderung unseres aktuellen Bewusstseins ist wichtiger denn je.

Das betrifft auch die aktuelle Flüchtlingsproblematik, die in den letzten Jahren wieder in hohem Maße zugenommen hat.

Jeder Mensch, wo immer er auch hingehen würde auf diesem Planeten, hätte automatisch eine Versicherung und Kapitalsicherheit, die für jeden Staat als ein interessanter wachstumsfördernder Investorenzuzug betrachtet werden könnte.

Jeder Mensch auf der Welt hätte eine Kapitalsicherheit von mind. 3 Millionen Euro. Jeder Flüchtling würde somit automatisch zum Investor in seinem Geburtsland oder in einem anderen Staat. Die Frage von staatlichen Zuschüssen stellt sich somit nicht mehr, weil jeder Mensch auf einmal mit einem Schlag frei und unabhängig wird.

Ob ein Flüchtling sich eine Wohnung in einer Großstadt sucht, um dort vielleicht eine Zukunft für seine Familie aufzubauen, niemand wird mehr in Zukunft als Schmarotzer innerhalb eines Sozialstaates betitelt werden, weil jeder sein Geld und seine Versicherungsanlage und somit auch sein Investitionskapital dorthin mitnimmt, wo immer er auch hingehen wird.

Genauso wird ein Bauer, der jahrelang nicht genug Kapital zur Verfügung hatte, in Afrika oder Indien endlich Investitionsmittel zur Verfügung haben, um tatsächlich auch seine Landwirtschaft bewirtschaften zu können. Wasser, Quellen und Leitungsführungen von Trinkwasser aus fernen Regionen werden Geld kosten, sehr viel Geld. Die landwirtschaftlichen Bewässerungen der Zukunft werden mittels aus Meerwasser gewonnenem Trinkwasser bewirtschaftet werden müssen.

Ein solches zukunftssicheres zum Teil kontinental vernetztes Trinkwasserversorgungssystem wird sehr viel Geld kosten. Jeder wird seinen Investitionsanteil leisten müssen. Aber es ist finanzierbar.

Wie unsere Welt von morgen mit Lebensmitteln versorgt wird, hängt von unserem Denken und Handeln ab. Börsenmakler sollten sich genau überlegen, in welche Richtung sich die derzeitigen Nahrungsmittelmärkte weiterentwickeln werden.

Je mehr Nahrungsmittel vorhanden sind, umso weniger Hungersnöte wird es in Zukunft geben.

Jeder Traktor, jede Maschine oder Wasserpumpe kostet, mit Eigenkapital wird jeder Bauer entsprechend arbeiten und anbauen können. Künstliche Bewässerungen werden das Überleben und die Nahrungsmittelversorgung für die Zukunft sichern und somit auch Hungerkatastrophen vermeiden.

Aber woher kommen und wie entstehen dann höhere Kosten?

Wir sprechen immer von höheren Kosten, aber nicht nur weil unsere Ansprüche gestiegen sind, sondern, weil wir uns des Qualitätsstandards unseres Lebensstatus kaum bewusst geworden sind. Die Welt des Luxus ist für viele in dieser Welt lebenden Menschen zur Selbstverständlichkeit geworden. Wir geben immer mehr aus, obwohl wir uns immer weniger leisten können, das kann auf Dauer nicht gut gehen. Letzten Endes brauchen wir auch mehr Mittel, um endlich einen besseren Lebensstandard nicht nur für die Reichen, sondern für alle Menschen dieser Welt zu erreichen.

Es gilt, das richtige Maß, die wertvollen Grundsätze zu erkennen, zu adaptieren und letztlich den goldenen Mittelweg zu finden.

Ein weiteres Stichwort: Was kostet eine neue Stadt, was kostet die Errichtung einer umweltfreundlichen Infrastruktur, und letztlich, was kostet uns die weltweite Umstellung auf alternative Energien?

Das Allerwichtigste für einen Menschen ist die Möglichkeit, in einer Wohnung ein normales Leben zu führen, seinen privaten Bereich zu haben. Wie viele Menschen auf dieser Welt haben das nicht?

Die Befriedigung der Grundbedürfnisse der Menschen war und ist schon immer das Allerwichtigste gewesen!

Der Quadratmeterpreis einer Wohnung mit durchschnittlichem Qualitätsstandard ist heute kaum mehr unter 2.000 €/m² finanzierbar. Zum Verständnis, die Immobilienpreise können selbstverständlich in schwindelerregenden Höhen von 16.000.- € pro/m² liegen, das entspricht aber keineswegs dem Durchschnitt für unsere Berechnung der Leistbarkeitsgrenzen für normale Wohnungen. Jedoch bereits nur für 2.000 Euro ist ein Mindestinvestitionsanteil von 120.000 Euro für eine Wohnung von ca. 60 m² als „vorhandenes" Grundkapital vorauszuberechnen. Natürlich besteht die Möglichkeit von Förderungen, falls gesetzlich geregelt, diese auch zu beantragen.

In Spanien zum Beispiel besteht das größte Immobilienproblem darin, dass über 1 Million Wohnungen zum Verkauf zur Verfügung stehen, sich aber niemand eine leisten kann. Zudem haben diese Wohnungen bei Nichtbenützung genauso ein Verfallsdatum, da sie nach 10 oder 20 Jahren nicht mehr als neuwertig bewertet werden können.

Flüssiges Kapital am Markt, ohne Verschuldungscharakter, ist im Moment das Gebot der Stunde.

Das sind die wirklich existenzentscheidenden Kernfragen unserer Zeit, die es zu lösen gilt, solange wir die Mittel noch dafür haben.

Unser Planet ist eine wunderschöne kleine Insel in den Weiten dieses Weltraums, voller Natur und Vielfalt, die wir für viele weitere Generationen noch erhalten müssen. Dieser Verantwortung muss sich der Mensch auch stellen und sich dessen bewusst werden, welcher Lebensraum und welches Wunder der Natur ihn eigentlich umgibt. Und doch gibt es die große andere Welt mit fast 80 % der Weltbevölkerung, welche tagtäglich mit finanziellen Schwierigkeiten zu kämpfen hat, die nicht genug besitzt, um sich auch nur im Mindesten etwas von dem reichen Luxus leisten zu können.

Unsere Leistbarkeit ist selbstverständlich auch eine Frage der Finanzierbarkeit geworden, und das vor allem innerhalb der letzten 20–30 Jahre. Ein wahrlich kleiner Zeitraum, wenn man berücksichtigt, welchen steinigen Weg die Menschheit in den letzten 1,8 Mio. Jahren zurückgelegt hat.

Diese Hürde wird die schwierigste von allen, weil es nicht nur um die Anerkennung von Reichtum geht, es bedarf vielleicht eines philosophischen Ansatzes, um uns zu vergegenwärtigen, was mir als Autor dieses Buches besonders am Herzen liegt. Der wahre Wert liegt in der Erkenntnis, die Vielfalt von Reichtum zu erfahren, da die Erfahrung vom Lebensmittelpunkt eines Menschen nur über dessen individuelle Ebene erreicht werden kann.

Für einen in Armut lebenden Menschen ist die Ernüchterung des harten Alltags bereits Realität, die Überlebensfrage ist eine täglich wiederkehrende.
    Alleine nur, wenn dieser Mensch eine Wohnung hat in seiner Heimat, dort wo er gerne zu Hause ist, wenn er sich keine Sorgen mehr machen muss, trotz seiner Schwäche und seines Alters, eine Lebensversicherung mit monatlich 2.500.- Euro würde seinen Lebensabend verändern.

Die schönsten Orte auf dieser Welt zeigen, wie vielfältig unsere Natur und Lebensreichtum auf unserem Planeten eigentlich ist. Für die Menschen, die den Alltag der Armut kennen, gibt es in ihrer Heimat auch trotz der schweren Zeiten kurze Momente der Freude und Lichtblicke, wenn die Natur uns tagtäglich mit ihrer Vielfalt und Schönheit berührt.

Niemand will seine Heimat wirklich verlassen, außer die Lebensumstände werden für den Menschen zum Zwang und falls zum Überleben genötigt, muss er dann am Ende doch das Land aufgeben.

Ein Wiederaufbau mit der GLS-W-Bank sollte demnach in Zukunft möglich sein. Jeder Mensch soll seine individuellen Träume verwirklichen können, auch wenn ihn Katastrophen oder andere Gewalteinflüsse alles genommen haben, selbst das wenige, was er vielleicht einmal besessen hat.

Bedenken wir einfach mal, es kann uns allen passieren. Niemand kann genau vorhersagen, was morgen geschehen wird. Was aber mit Sicherheit feststellbar ist, sind die unzähligen Umweltkatastrophen, die jedes Jahr wiederkehren und mehr und mehr zunehmen, Milliarden ja Billionen Dollar an Schäden verursachen, die vielleicht erst wieder in einigen Jahrzehnten erwirtschaftet werden können.

Unsere Weltwirtschaft auf Schulden aufzubauen kann auf Dauer nicht gut gehen und wird nur zu einem weiteren Kollaps führen.
Die Genügsamkeit und die Weisheit von Lebenserfahrungen, die unsere älteren Generationen uns noch mitgeben können, sollten ebenfalls eine Basis bilden zum Verständnis von zukünftigem Konsum und Verbrauch.

Die Mehrwertkosten sind so gesehen jene Anteile, die für die wesentliche Verbesserung der Lebensqualität beitragen, wenn gleichzeitig die Genügsamkeit als immerwährender Begleitfaktor jedes Menschen als Charakteristikum erhalten bleibt!

Wenn die Mehrkosten so stark ansteigen, dass die bestehenden Lebenserhaltungskosten nicht mehr abgedeckt werden können, wird ein Mehrwertkostenausgleich sinnvoll!

Berechnungsmodelle für die Versicherungsanteile

Um eine entsprechende Berechnung für ein ausgewogenes soziales Gleichgewicht zu erhalten, müssen Modelle geschaffen werden, die von vornherein eine gerechte Aufteilung dem jeweiligen Alter entsprechend ermöglichen.

Es gibt eine grundsätzliche Unterscheidung zwischen den Generationen in 3 Altersgruppen.

Die erste Generation betrifft die Altersgruppe von Neugeborenen bis zur Vollendung der Schulzeit, der Berufsschule, der Berufslehre, der Berufsmatura, des Abiturs, HTL-Matura oder eines High-School-Abschlusses. Der Schritt in die zweite Phase und Beginn der mittleren Lebensphase wird also erst dann möglich, wenn eine Grundausbildung in der ersten Phase abgeschlossen wurde.

Was könnte passieren, wenn manche einen Schulabschluss nicht schaffen oder nicht bereit wären eine persönliche Berufsausbildung anzugehen?

Nun ja, es könnte passieren, dass jene sich finanziell mit ihren eigenen Mitteln an den Kosten der Sozialbetreuer oder den Ausbildnern, Schulen und Lehrstellen beteiligen werden müssen.

Mit anderen Worten, es bleibt ihnen letzten Endes etwas weniger in der eigenen Tasche übrig, aber sie würden dann doch schließlich beruflich durchstarten können, auch wenn der Ausbildungsweg etwas länger dauern sollte.

Es entspricht letztlich der Menschenwürde, wenn jeder Mensch auf unserem Planeten die Möglichkeit einer Berufsausbildung bekommt und dadurch einen oder mehrere Bildungswege beschreiten kann. Eine Lebensphilosophie für ein gleichberechtigtes, gleichwertiges Denken und Handeln wird die Grundvoraussetzung für eine gesunde Weiterentwicklung aller Gesellschaftsformen auf dieser Welt sein.

Basiswerte, Lebenserfahrung und Lebensweisheiten der älteren Generationen müssen nicht verloren gehen, sie sind ebenfalls ständiger Bestandteil unserer existentiellen Weiterentwicklung. Selbst diese wahrzunehmen, aufzunehmen, zu dokumentieren benötigt notwendiges Fachwissen und permanente Fort- und Weiterbildung.

Die Kindheitsentwicklung und der Bildungs- und Ausbildungsweg sind also der erste immer wiederkehrende Lebenskreis unserer generationsabhängigen Weiterentwicklung aller Gesellschaftsformen auf unserem Planeten.

Für einen optimalen Start in die 2. Generationsphase wird jedes Kind notwendigerweise die noch dazu von der Lebensversicherung finanziell zu unterstützende Ausbildungsphase abschließen. Danach sollte auch jeder Einzelne seine Volljährigkeit erreicht haben. Es stehen allen die berufliche Laufbahn oder ein Studium offen, welches natürlich auch mittels dieses Lebensversicherungskontos abgedeckt werden kann.

Jemand, der seine Ausbildungsphase in der Lehre abgeschlossen hat, kann auch beruflich einen Start wagen, wird von der Versicherung diesbezüglich auch unterstützt.

Es gibt mehrere Varianten einer Vorfinanzierung.

Einerseits besteht die Möglichkeit die monatliche Summe von ca. 1.800.- Euro auf einen einmaligen Kreditvertrag von ca. 100.000.- Euro zu erhöhen, wodurch sich die monatliche Auszahlung von mind. 50 Monatsraten auf die Gesamtzeit der Kreditlaufrate von ca. 80 Jahren verteilt.

Zum Verständnis, die Gesamtzeit von 100 Jahren reduziert den Anspruch entsprechend dem Alter zum Zeitpunkt des Kreditansuchens. Also mit einem Alter von 20 Jahren ergibt sich ein Anspruch auf 80 Jahre Gesamtzeit.

Bei einem Alter von 35 Jahren reduziert sich die restliche Anspruchszeit auf 65 Jahre.

Der Vorteil bei diesem Konzept liegt auf der Hand.

Wenn ein Jungunternehmer mit einem Alter von 20 Jahren eine eigene Firma gründen möchte, weil ein entsprechendes Konzept vorliegt, oder er eine Neuinvestition tätigen möchte, um zum Beispiel die Firma seiner Eltern zu übernehmen, dann würde ein solcher Kredit auch genehmigt. Der Zinsvorteil eines solchen Kredites liegt ebenfalls auf der Hand. Jede Summe dieser Kreditaufnahme wäre bereits ein Bestandteil eines Eigenkapitals. Dieses würde nur bis zu einer entsprechenden Höhe der Gesamtsumme einen Teilbetrag ausmachen.

Wenn jemand mit 60 in Pension gehen möchte, wäre dies in Zukunft durchaus möglich, da jeder bis zur Vollendung des 100. Geburtstages den vollen Anspruch des Lebensversicherungskontos genießen darf. Niemand kann auch in der Zukunft nur ansatzweise voraussagen, wie gut der Gesundheitszustand jedes Einzelnen tatsächlich anhalten wird. Die Zukunft der Medizin hat erst begonnen. Wenn lebensverbessernde und -verlängernde Maßnahmen möglich sein werden, wird dies wohl auch erst in ferner Zukunft geschehen.

Aus heutiger Sicht kann unter den jetzigen Umständen nicht die Sicherheit und die Gesundheit und die vollständige Altersverpflegung für jeden Menschen auf dieser Welt gewährleistet werden. Mit Sicherheit aber für jene, die es sich tatsächlich einmal leisten werden können.

Für alle anderen 80 % der Weltbevölkerung wird es nur ein Traum bleiben.

Alles wird in Zukunft eine Kostenfrage werden. Mit der Gründung einer GLS-W-Bank wird es auch auf diesem Gebiet zu großen Veränderungen und wesentlichen Verbesserungen der medizinischen Versorgung und der Abdeckung der Kosten kommen.

Der Autor dieses Buches ist sich der heißen Diskussionen bewusst, die mit der Veröffentlichung dieses globalen Programms für ein GLS-Lebens-Versicherungskonto für jeden Menschen ausgelöst werden. Jene, die Geld haben, werden sich sagen, das brauchen wir alles nicht, gerade aus diesem Grund und vielleicht deshalb, weil sich für sie die Frage einer Geldknappheit gar nicht stellt. Jedoch jeder Einzelne von Ihnen bedenke, dass größerer Reichtum für alle auch eine generelle Verbesserung der Lebensqualität für alle Menschen herbeiführen wird. Die Kundschaft, somit die Kaufkraft wird um ein Vielfaches größer sein. Jeder wird profitieren.

Wenn jemand, der mit 60 Jahren erfährt, dass er an einer unheilbaren Krankheit leidet, wird er bereits rechtzeitig Vorkehrungen treffen können und trotz der ernsten Umstände eine Versorgung bekommen, die sich heute nur Millionäre leisten können.

Meine Frage lautet ganz einfach, warum nicht?

Wenn jemand mit 60 Jahren noch 4–5 Jahre zu leben hat, warum sollte er nicht die Möglichkeit erhalten, seinen Anspruch von 40 Jahren zumindest auf eine Laufzeit von 10 Jahren ausbezahlt zu bekommen?

Es würde ganz einfach bedeuten, dass eine monatliche Ausschüttung von ca. 8.000 Euro möglich sein wird. Die meisten Pensionisten können von einem solchen Monatsgehalt von einem Pensionskonto nur träumen.

Das vom Autor initiierte GLS-System als globales Lebensversicherungskonto wird aber jedem Menschen auf dieser Welt ein würdevolles Leben auch noch in hohem Alter ermöglichen. Niemand müsste sich mehr wegen Geldnot Sorgen machen. Ein GLS-Lebensversicherungskonto erstreckt sich über die gesamte Laufzeit vom 1. Lebensjahr bis zum Erreichen des 100. Geburtstages. Bis zu diesem Zeitpunkt müsste das normale Pensionskonto nicht einmal berührt werden.

Wenn also ein Pensionist fleißig gearbeitet hat und eine monatliche Pensionsauszahlung von 2.500 Euro erhalten würde, dann ergänzt sich dieser Wert mit dem Betrag von 1.800 Euro der *GLS-Insurance und wird in Summe also ca. 4.300.- Euro ausmachen.

Wenn ein armer Arbeiter, der sein Lebtag hart gearbeitet hat, sein Pensionsalter erreicht und trotz seiner beschwerlichen Tätigkeiten nur mit einem Mindesteinkommen von ca. 200–400 Euro monatlich rechnen kann, dann dürfte sich jener auf eine stattliche Summe von 2.200,- Euro monatlich freuen. Selbst vor der Pension würde er auch in wirtschaftlich schwierigeren Zeiten seinen monatlichen Betrag von 1.800 Euro erhalten. Somit wird es nicht mehr passieren, dass arme Menschen und Arbeitslose auf der Straße landen oder in Armut enden.

Soziales Bewusstsein hat nicht ausschließlich nur mit Politik zu tun, es hat dies alleine nur mit uns Menschen aller Kulturen zu tun, die wir uns alle der Wissenschaft der Soziologie widmen können. Ein neues Teilungsbewusstsein kann so gesehen auch eine ganz neue Basis für unsere Zukunft und unsere Welt schaffen.

Die Menschheit benötigt nicht einfach nur Ressourcen, sondern grundsätzlich finanzielle Mittel, um die Umstellung von der jetzigen Situation in eine neue und bessere Zukunft tatsächlich umsetzen zu können.

Jeder Quadratmeter einer Stadt kostet, unabhängig, ob wir darauf leben, etwas Neues errichten oder einen Bestand sanieren müssen.

Alleine Sanierungsmaßnahmen sind abhängig vom jeweiligen Verschleiß und den Wartungskosten.

Ein Neugeborenes kommt bereits mit einer menschlich unwürdigen Verschuldungsquote von 14.500.- Euro auf die Welt, die von Stunde zu Stunde kontinuierlich ansteigt. Dazu kommen täglich Zinsen von mind. 3,2 Euro dazu. Das entspricht nicht mehr der Normalität. Deshalb wird und kann es unserer Weltwirtschaft in nächster Zeit nicht wesentlich besser gehen, solange es uns nicht gelingen wird, die weltweite Kaufkraft zu stärken.

Die Börsen werden dieses Problem nicht lösen. Wir müssen umdenken, was unser ökonomisches Handeln und Tun beeinflussen wird, auch was unsere globale Umweltverschmutzung betrifft. Das Meer als größter globaler Wasserspeicher wird unser Trinkwasser der Zukunft sein, das sollten wir nicht vergessen. Eine verstrahlte Umwelt wird ebenfalls dazu beitragen, dass neue Krankheiten in Umlauf kommen, die für uns heute noch unbekannt sind, und wofür es wahrscheinlich auch zumindest so schnell keine Behandlungsmöglichkeiten geben wird.

Bedenken wir, unsere Welt wird für die nächsten 5.000–10.000 Jahre noch unser Heimatplanet bleiben. Selbst wenn es uns gelingen sollte, den Mars, den erdähnlichsten aller Planeten, eventuell wieder zum Leben zu erwecken, würde das die Kosten der gesamten Menschheit für die nächsten 5.000 Jahre nicht abdecken. Selbst bei einer globalen nicht abwendbaren Katastrophe würde es uns nicht gelingen, so schnell wieder unseren jetzigen Wohlstandsstatus zu erreichen. Unser Wohlstand ist uns heilig, es ist uns aber nicht bewusst, wie verletzlich wir Menschen gegenüber der Natur eigentlich sind.

Nicht abwendbare Umweltkatastrophen lassen die Verschuldungsraten der staatlichen Haushalte zusätzlich in die Höhe schnellen. Niemand kann genau vorhersagen, was tatsächlich noch alles geschehen wird und welchen Gefahren wir in Zukunft noch ausgesetzt sein werden.

Eine globale finanzielle Basis zu schaffen, wird das Allerwesentlichste sein für uns Menschen und auch, in unserer gesamten Verantwortung betrachtet, für alle übrigen Lebensformen auf unserem Planeten.

Es kann uns gelingen, aber nur wenn wir ein gutes soziales Fundament haben, auf dem wir aufbauen können.

Man stelle sich nur vor, was es kosten könnte, sämtliche verstrahlte Abfälle aller Atomkraftwerke der ganzen Welt über Weltraumschiffe zu unserer Sonne oder zu einer anderen nächstgelegenen Sonne zu transportieren und den verstrahlten Abfall dort zu entsorgen und bei mind. 5.000–15.000 °C zu verbrennen.

Diese Kosten in die Errichtungskosten eingerechnet würden jede Errichtung von Atomkraftwerken von vornherein unmöglich und schlichtweg unfinanzierbar machen.

Aber die Menschen haben dieses Problem noch vor sich. Deshalb wären allen zuständigen Verantwortlichen gut beraten, bald neue alternative Energy-resourcing-Konzepte voranzutreiben.

Die Sonne ist unser größter Energie-lieferant, wir nutzen diese Energie jedoch nicht mal zu 0,2 Prozent weltweit.

Das Energievolumen der Sonne übersteigt die Kapazität, die wir jeden Tag alleine nur auf unserer Erdoberfläche nutzen könnten. Dies sind sage und schreibe Energiereserven für ca. 70–77 Mrd. Menschen.

Selbst wenn wir jedes Jahr 5.000 Atomkraftwerke bauen würden. Wir würden die Energiemenge, welche wir durch die Sonne täglich abschöpfen könnten, selbst in den nächsten 200 Jahren nicht erreichen.

Das Uran wird auch nicht ewig vorhanden sein und unsere Umwelt wird aber für Hunderttausende Jahre verstrahlt sein, wenn wir nicht diese Abfälle außerplanetarisch entsorgen.

Die Sonne ist unser Hauptenergieversorger der Zukunft. Die Kraftwerke, die dafür gebaut werden, sind ohne atomare Strahlung konzipiert und somit langlebig, sie könnten also ohne weiteres 200–500 Jahre lang laufen, ohne dass größere Ersatzteile ausgetauscht werden müssten.

Nach der Eröffnung der GLS-W-Bank steht allen Ländern dieser Welt die neue Zuordnung der Konten offen, wobei natürlich eine Beteiligung auch die Erfüllung der vertraglichen Vereinbarungen voraussetzt. Eine dieser Voraussetzungen ist die Bedingung, dass jede Bank in diesem Land sich der GLS-W-Bank als 1. Rangordnung im Bankwesen unterordnet und die neue Welt-Versicherungsbank zumindest gleichgestellt wird mit der Institution der Nationalbanken.

Das Geld soll in erster Linie jedem einzelnen Bürger zustehen und nicht über ein Rangsystem von Banken angegriffen werden können. Dies beinhaltet also ein Schutzrecht des GLS-Kontos.

Als Nächstes gibt es natürlich die Möglichkeit, über den neuen Primärstatus ausstehende Schulden zu begleichen, was natürlich nur im Interesse jedes einzelnen Bankkunden und jeder Bank sein kann.

Zum Zeitpunkt der Begründung und Vertragsunterzeichnung eines Staates bezüglich der Einhaltung der Vereinbarungen und Unberührbarkeit der GLS-Konten von Bürgern im eigenen Land wird eine offizielle Kreditstelle und Kontenführungsstelle im jeweiligen Land eingerichtet.

Für jedes Land, wo die Vereinbarungen und Voraussetzungen nicht erfüllt werden, wird es so gesehen für längere Zeit keine Auszahlungen geben. Das geht natürlich auch auf Kosten der Menschen in diesem Land.

Die GLS-W-Bank versichert jeden Menschen auf dieser Welt, egal ob in der jeweiligen Heimat oder auch in einem anderen Land.
    Es muss allen Verantwortlichen eines Staates bewusst sein, dass ab dem Zeitpunkt der Eröffnung der neuen Weltbank GLS eine sichere und zuverlässige Neuorientierung im Banken- und Geschäftswesen auf der ganzen Welt möglich wird.

Der Gesamtwert der Konten wird vom Gründungszentrum der World-GLS-Bank in Wien aus gestartet mit einem Betrag von mindestens 21 Billiarden Euro. Warum Wien? Der Neutralitätsstatus Österreichs und Wien als UNO-Stadt sollen eine rechtlich ausgewogene Vertrauensbasis bilden für die unzähligen notwendigen Verhandlungen, die folgen werden.

Der Neutralitätsstatus wird auch Voraussetzung sein für die Auswahl der Partnerländer für den Aufbau der Sicherheitsstruktur und das internen Netzwerk für die GLS-World-Bank als Zentrale in Wien.

Somit wird bei einer weiteren Verschuldung aller beteiligten Mitgliedsstaaten auf dieser Welt ein Schuldenausgleich geschaffen, da jedes Land ab diesem Moment einen finanziellen Wachstumsschub erhält.

Es muss allen Beteiligten bewusst sein, dass das Programm Financial Reboot der GLS-W-Bank eine einmalige Aktion bedeutet, da für den Jahresausgleich aller älteren Generationen eine Auszahlung getätigt werden kann. Zum Verständnis sind im Anhang des Buches einige Berechnungstabellen beigefügt, die jedem einzelnen Leser sofort den jeweiligen Mindestbetrag aufzeigen in Abhängigkeit vom Alter.

Jemand der 65 Jahre alt ist, also im Normalfall kurz vor Pensionsantritt steht, kann mit einer Auszahlung von einem Betrag von über 1.951.315,07 Euro rechnen. Das Thema einer ungesicherten Altersversorgung dürfte somit für alle Menschen auf dieser Welt Geschichte sein. Es gibt auch keine Armut mehr und die Kaufkraft wird um ein Vielfaches steigen. Es sollte jedoch nicht unerwähnt bleiben, dass auch der Schuldenstatus jedes Einzelnen überprüft wird, bevor es zur Auszahlung kommt, und dies daher eine einmalige Angelegenheit sein wird. Die Ansammlungen großer Summen mittels eines Financial Reboots, die dann zur Auszahlung zur Verfügung stehen, wird es also in Zukunft nicht mehr geben.

Im Falle einer Verschleuderung von Geld ohne eine ausreichende Begründung wird es zu keiner Auszahlung kommen. Die Vertragsbestimmungen für die neuen Kundschaften werden selbstverständlich zu erfüllen sein und werden auch strafrechtlich geahndet werden.

Die Kundenbetreuung und Beratung wird im Marketing der GLS-Bank besonders hoch geschätzt und gewertet werden und gilt auch als Voraussetzung für ein kollegiales Verhalten im gesamten Bankensektor.

| GLS-Konto | World-GLS-Bank |
| pro Person | Weltbevölkerung |

3.002.054,79 €	7.000.000.000,00
	21.014.383.561.643.800,00

Zum Zeitpunkt der Eröffnung der GLS-W-Bank, (GLOBAL-LIVE-SECURITY-WORLD-BANK) wird also eine Summe von mindestens 21 Billiarden Euro zur Verfügung stehen.

Nach Einlangen der Listen der einzelnen Staaten auf der Welt werden die Anzahl der Konten auf jedes Land abhängig von der Bevölkerungsanzahl einmal grob vorab aufgeteilt. Eine endgültige Zuteilung wird erst dann möglich sein, wenn alle Listen auf doppelte Namenkonten überprüft wurden.

Ein Betrug wird nicht akzeptiert und kann mit Strafverfolgung geahndet werden.

Aus diesem Grunde wird das Überprüfungs- und Security-Concept der GLS-W-Bank eines der strengsten auf der ganzen Welt sein. Es wird mind. 14 Sicherheitsfaktoren geben, die eine 100%ige Sicherheit vor Betrug garantieren werden.

Dies gilt auch im Interesse aller Kunden, da niemand daran interessiert sein wird, sein Geld jemand anderem zu überlassen.

Persönliche Beratung und Kundenbetreuung werden oberstes Gebot sein und sind auch in jedem Land als Grundsatz zu berücksichtigen.

Weshalb ist der Zeitpunkt für eine Gründung der GLS-W-Bank derzeit grundsätzlich der richtige?

Wenn wir die Geschichte unserer Menschheit zurückverfolgen, müssen wir zu der Erkenntnis gelangen, dass wir für einen **Financial Reboot** ein kleines, aber ausreichendes Zeitfenster zur Verfügung haben.

Seit Anbeginn der Menschheit vor fast 2 Mio. Jahren sind wir in den letzten 50 Jahren an neuen durchaus jungen Technologien gewachsen, die natürlich ohne wissenschaftlichen Fortschritt nicht möglich gewesen wären.

Unser Zeitpunkt heute ist ein Beginn von einem neuen Lebensabschnitt der Menschheit, erstmals in der Geschichte sind wir in der Lage, Konzepte zu entwickeln, die zukunftsorientiert fungieren. Wir sind in der Lage, digitale Welten zu bauen, und können diese virtuell prüfen, verknüpfen und rendern lassen in allen Bereichen und mit Hilfe von wissenschaftlichen Institutionen und Forschungseinrichtungen.

Auch die Forschung und Entwicklung für unsere Zukunft sind abhängig von der Kostenfrage, also der Leistbarkeit unseres jetzigen Lebensstatus.

Energie ist der wichtigste Faktor von allen, ohne Elektrizität wird es in Zukunft sehr schwierig werden, neue Entwicklungen zu forcieren.

Aus diesem Grunde ist es schon jetzt eine Voraussetzung unseres zukünftigen Überlebens in den nächsten 200 Jahren, dass wir alle möglichen Schritte und Vorsorgemaßnahmen treffen, um die Entwicklung unserer nächsten Generationen zu gewährleisten und zu beschützen.

In unserer heutigen Welt können wir jederzeit digitale Welten entwickeln und erstellen, dies bedeutet auch, dass wir Konten anlegen können, die in kürzester Zeit der Bevölkerungsanzahl aller Menschen auf diesem Planeten zugeordnet werden können.

Eine Liste von 8, 9 oder 10 Milliarden Konten ist leicht erstellt. Ohne diese digitalen Mittel würden wir einen solchen Weg kaum beschreiten können. Ein Kontoauszug kann beliebig oft ausgedruckt werden. Aber die Zuordnung und die Kontoführung an sich gewährleistet nur eine Bank, welche ebenfalls die digitalen Mittel und Speichermedien dafür einsetzt.

Ein Serversystem, das entsprechend abgesichert ist, kann also ohne weiteres eine Anzahl Konten von mindestens 8 Milliarden Menschen speichern, sichern und verwalten. Diebstahl kann schon von vornherein ausgeschlossen werden, da immer erst am Monatsende zum Folgemonat die neuen Beträge gebucht werden, somit bleibt jedes Konto auch individuell geschützt. Es könnten niemals Großbeträge abgehoben werden ohne Genehmigung.

Im Anhang sind nun einige Berechnungstabellen aufgelistet, welche die Höhe und die Zuordnung der einzelnen Beträge abhängig vom jeweiligen Alter anzeigen.

Jedes Konto, das nach einer Neugeburt auf der Welt eröffnet wird, kommt in erster Linie als Versicherungskonto dem Kontoinhaber als gleichzeitigem Besitzer zugute.

Für den Financial Reboot ist ein Mindesttagessatz vom Autor als empfohlener Mindestwert berechnet worden. Dieser beträgt im Anhang in der primären Liste 82,19 Euro pro Tag. Einigen Berechnungen zufolge ist dies der Mindestbedarf, um den Schuldenstatus in den nächsten 10 Jahren von ca. **100 Billionen Dollar** weltweit auf 0 Dollar/Euro zu reduzieren. Ein etwas höherer Betrag von 88,5 Euro pro Tag würde ein etwas früheres Wachstum auf globaler Ebene gewährleisten und die Weltwirtschaft bedeutend ankurbeln.

Zum Abschluss möchte der Autor gerne seiner Leserin und seinem Leser seinen Dank aussprechen, für das Interesse, welches dem Buch und dessen Inhalt entgegengebracht wurde.

Gleichzeitig möchte der Autor sich bei seinen Leserinnen und Lesern entschuldigen, dass der Autor als Erfinder und Begründer der GLS-World-Bank vorerst nur mit einem Pseudonym in Erscheinung treten kann.

Wie so manch einer bereits erahnen und nachvollziehen kann, werden mit der Veröffentlichung des Buches der volle Erfindungs- und Urheberschutz sowie der gänzliche Patentschutz in Anspruch genommen.

Der Autor ist sich dessen bewusst, dass es nicht alltäglich ist, nach einer einfachen mathematischen Formel ein derart verantwortungsvolles Projekt ins Rollen zu bringen. Dem Erfinder dieser neuen Konzeption gebührt aber dennoch der volle Erfinder- und Begründer Rechtsschutz, gerade wenn es sich um die Errichtung einer neuen Weltbank in Form einer globalen Weltlebensversicherungsbank handelt. Mit dem Verlegen des Buches beansprucht der Autor auch den inhaltlichen und weiterführenden Urheberrechtsschutz im Sinne von geistigem Eigentum. Eine Anmeldung beim internationalen Banken- und Kredit-Verband ist also ohne eine Genehmigung des Autors nicht mehr möglich.

GLS-Kontoführung pro Person mit monatlicher Standardauszahlung:
Tagessatz, empfohlener Ansatz: 82,19 €/Tag.

1		12	2.500	365	82,19	€	30.000,00	€		€
2		12	2.500	365	82,19	€	30.000,00	€	60.000,00	€
3		12	2.500	365	82,19	€	30.000,00	€	90.000,00	€
4		12	2.500	366	82,19	€	30.082,19	€	120.082,19	€
5		12	2.500	365	82,19	€	30.000,00	€	150.082,19	€
6		12	2.500	365	82,19	€	30.000,00	€	180.082,19	€
7		12	2.500	365	82,19	€	30.000,00	€	210.082,19	€
8		12	2.500	366	82,19	€	30.082,19	€	240.164,38	€
9		12	2.500	365	82,19	€	30.000,00	€	270.164,38	€
10		12	2.500	365	82,19	€	30.000,00	€	300.164,38	€
11		12	2.500	365	82,19	€	30.000,00	€	330.164,38	€

12	12	2.500	366	82,19	€	30.082,19	€	360.246,58	€
13	12	2.500	365	82,19	€	30.000,00	€	390.246,58	€
14	12	2.500	365	82,19	€	30.000,00	€	420.246,58	€
15	12	2.500	365	82,19	€	30.000,00	€	450.246,58	€
16	12	2.500	366	82,19	€	30.082,19	€	480.328,77	€
17	12	2.500	365	82,19	€	30.000,00	€	510.328,77	€
18	12	2.500	365	82,19	€	30.000,00	€	540.328,77	€
19	12	2.500	365	82,19	€	30.000,00	€	570.328,77	€
20	12	2.500	366	82,19	€	30.082,19	€	600.410,96	€
21	12	2.500	365	82,19	€	30.000,00	€	630.410,96	€
22	12	2.500	365	82,19	€	30.000,00	€	660.410,96	€
23	12	2.500	365	82,19	€	30.000,00	€	690.410,96	€
24	12	2.500	366	82,19	€	30.082,19	€	720.493,15	€
25	12	2.500	365	82,19	€	30.000,00	€	750.493,15	€
26	12	2.500	365	82,19	€	30.000,00	€	780.493,15	€
27	12	2.500	365	82,19	€	30.000,00	€	810.493,15	€
28	12	2.500	366	82,19	€	30.082,19	€	840.575,34	€
29	12	2.500	365	82,19	€	30.000,00	€	870.575,34	€
30	12	2.500	365	82,19	€	30.000,00	€	900.575,34	€
31	12	2.500	365	82,19	€	30.000,00	€	930.575,34	€
32	12	2.500	366	82,19	€	30.082,19	€	960.657,53	€
33	12	2.500	365	82,19	€	30.000,00	€	990.657,53	€
34	12	2.500	365	82,19	€	30.000,00	€	1.020.657,53	€
35	12	2.500	365	82,19	€	30.000,00	€	1.050.657,53	€
36	12	2.500	366	82,19	€	30.082,19	€	1.080.739,73	€
37	12	2.500	365	82,19	€	30.000,00	€	1.110.739,73	€
38	12	2.500	365	82,19	€	30.000,00	€	1.140.739,73	€
39	12	2.500	365	82,19	€	30.000,00	€	1.170.739,73	€
40	12	2.500	366	82,19	€	30.082,19	€	1.200.821,92	€
41	12	2.500	365	82,19	€	30.000,00	€	1.230.821,92	€
42	12	2.500	365	82,19	€	30.000,00	€	1.260.821,92	€
43	12	2.500	365	82,19	€	30.000,00	€	1.290.821,92	€
44	12	2.500	366	82,19	€	30.082,19	€	1.320.904,11	€
45	12	2.500	365	82,19	€	30.000,00	€	1.350.904,11	€
46	12	2.500	365	82,19	€	30.000,00	€	1.380.904,11	€
47	12	2.500	365	82,19	€	30.000,00	€	1.410.904,11	€
48	12	2.500	366	82,19	€	30.082,19	€	1.440.986,30	€
49	12	2.500	365	82,19	€	30.000,00	€	1.470.986,30	€
50	12	2.500	365	82,19	€	30.000,00	€	1.500.986,30	€
51	12	2.500	365	82,19	€	30.000,00	€	1.530.986,30	€

52	12	2.500	366	82,19	€	30.082,19	€	1.561.068,49	€
53	12	2.500	365	82,19	€	30.000,00	€	1.591.068,49	€
54	12	2.500	365	82,19	€	30.000,00	€	1.621.068,49	€
55	12	2.500	365	82,19	€	30.000,00	€	1.651.068,49	€
56	12	2.500	366	82,19	€	30.082,19	€	1.681.150,68	€
57	12	2.500	365	82,19	€	30.000,00	€	1.711.150,68	€
58	12	2.500	365	82,19	€	30.000,00	€	1.741.150,68	€
59	12	2.500	365	82,19	€	30.000,00	€	1.771.150,68	€
60	12	2.500	366	82,19	€	30.082,19	€	1.801.232,88	€
61	12	2.500	365	82,19	€	30.000,00	€	1.831.232,88	€
62	12	2.500	365	82,19	€	30.000,00	€	1.861.232,88	€
63	12	2.500	365	82,19	€	30.000,00	€	1.891.232,88	€
64	12	2.500	366	82,19	€	30.082,19	€	1.921.315,07	€
65	12	2.500	365	82,19	€	30.000,00	€	1.951.315,07	€
66	12	2.500	365	82,19	€	30.000,00	€	1.981.315,07	€
67	12	2.500	365	82,19	€	30.000,00	€	2.011.315,07	€
68	12	2.500	366	82,19	€	30.082,19	€	2.041.397,26	€
69	12	2.500	365	82,19	€	30.000,00	€	2.071.397,26	€
70	12	2.500	365	82,19	€	30.000,00	€	2.101.397,26	€
71	12	2.500	365	82,19	€	30.000,00	€	2.131.397,26	€
72	12	2.500	366	82,19	€	30.082,19	€	2.161.479,45	€
73	12	2.500	365	82,19	€	30.000,00	€	2.191.479,45	€
74	12	2.500	365	82,19	€	30.000,00	€	2.221.479,45	€
75	12	2.500	365	82,19	€	30.000,00	€	2.251.479,45	€
76	12	2.500	366	82,19	€	30.082,19	€	2.281.561,64	€
77	12	2.500	365	82,19	€	30.000,00	€	2.311.561,64	€
78	12	2.500	365	82,19	€	30.000,00	€	2.341.561,64	€
79	12	2.500	365	82,19	€	30.000,00	€	2.371.561,64	€
80	12	2.500	366	82,19	€	30.082,19	€	2.401.643,84	€
81	12	2.500	365	82,19	€	30.000,00	€	2.431.643,84	€
82	12	2.500	365	82,19	€	30.000,00	€	2.461.643,84	€
83	12	2.500	365	82,19	€	30.000,00	€	2.491.643,84	€
84	12	2.500	366	82,19	€	30.082,19	€	2.521.726,03	€
85	12	2.500	365	82,19	€	30.000,00	€	2.551.726,03	€
86	12	2.500	365	82,19	€	30.000,00	€	2.581.726,03	€
87	12	2.500	365	82,19	€	30.000,00	€	2.611.726,03	€
88	12	2.500	366	82,19	€	30.082,19	€	2.641.808,22	€
89	12	2.500	365	82,19	€	30.000,00	€	2.671.808,22	€
90	12	2.500	365	82,19	€	30.000,00	€	2.701.808,22	€
91	12	2.500	365	82,19	€	30.000,00	€	2.731.808,22	€

92	12	2.500	366	82,19 €	30.082,19 €	2.761.890,41 €
93	12	2.500	365	82,19 €	30.000,00 €	2.791.890,41 €
94	12	2.500	365	82,19 €	30.000,00 €	2.821.890,41 €
95	12	2.500	365	82,19 €	30.000,00 €	2.851.890,41 €
96	12	2.500	366	82,19 €	30.082,19 €	2.881.972,60 €
97	12	2.500	365	82,19 €	30.000,00 €	2.911.972,60 €
98	12	2.500	365	82,19 €	30.000,00 €	2.941.972,60 €
99	12	2.500	365	82,19 €	30.000,00 €	2.971.972,60 €
100	12	2.500	366	82,19 €	30.082,19 €	<u>3.002.054,79</u> €
					3.002.054,79 €	

Weitere monatliche GLS-Ratenberechnungen bei geringeren Tagessätzen, Ansatz:
Die Differenzen sind auf Anhieb erkennbar:
GLS-Tagessatz: 49,32 €/Tag.

1	12	1.500	365	49,32 €	18.000,00 €		€
2	12	1.500	365	49,32 €	18.000,00 €	36.000,00	€
3	12	1.500	365	49,32 €	18.000,00 €	54.000,00	€
4	12	1.500	366	49,32 €	18.049,32 €	72.049,32	€
5	12	1.500	365	49,32 €	18.000,00 €	90.049,32	€
6	12	1.500	365	49,32 €	18.000,00 €	108.049,32	€
7	12	1.500	365	49,32 €	18.000,00 €	126.049,32	€
8	12	1.500	366	49,32 €	18.049,32 €	144.098,63	€
9	12	1.500	365	49,32 €	18.000,00 €	162.098,63	€
10	12	1.500	365	49,32 €	18.000,00 €	180.098,63	€
11	12	1.500	365	49,32 €	18.000,00 €	198.098,63	€
12	12	1.500	366	49,32 €	18.049,32 €	216.147,95	€
13	12	1.500	365	49,32 €	18.000,00 €	234.147,95	€
14	12	1.500	365	49,32 €	18.000,00 €	252.147,95	€
15	12	1.500	365	49,32 €	18.000,00 €	270.147,95	€
16	12	1.500	366	49,32 €	18.049,32 €	288.197,26	€
17	12	1.500	365	49,32 €	18.000,00 €	306.197,26	€
18	12	1.500	365	49,32 €	18.000,00 €	324.197,26	€
19	12	1.500	365	49,32 €	18.000,00 €	342.197,26	€
20	12	1.500	366	49,32 €	18.049,32 €	360.246,58	€
21	12	1.500	365	49,32 €	18.000,00 €	378.246,58	€
22	12	1.500	365	49,32 €	18.000,00 €	396.246,58	€
23	12	1.500	365	49,32 €	18.000,00 €	414.246,58	€

24		12	1.500	366	49,32	€	18.049,32 €	432.295,89 €
25		12	1.500	365	49,32	€	18.000,00 €	450.295,89 €
26		12	1.500	365	49,32	€	18.000,00 €	468.295,89 €
27		12	1.500	365	49,32	€	18.000,00 €	486.295,89 €
28		12	1.500	366	49,32	€	18.049,32 €	504.345,21 €
29		12	1.500	365	49,32	€	18.000,00 €	522.345,21 €
30		12	1.500	365	49,32	€	18.000,00 €	540.345,21 €
31		12	1.500	365	49,32	€	18.000,00 €	558.345,21 €
32		12	1.500	366	49,32	€	18.049,32 €	576.394,52 €
33		12	1.500	365	49,32	€	18.000,00 €	594.394,52 €
34		12	1.500	365	49,32	€	18.000,00 €	612.394,52 €
35		12	1.500	365	49,32	€	18.000,00 €	630.394,52 €
36		12	1.500	366	49,32	€	18.049,32 €	648.443,84 €
37		12	1.500	365	49,32	€	18.000,00 €	666.443,84 €
38		12	1.500	365	49,32	€	18.000,00 €	684.443,84 €
39		12	1.500	365	49,32	€	18.000,00 €	702.443,84 €
40		12	1.500	366	49,32	€	18.049,32 €	720.493,15 €
41		12	1.500	365	49,32	€	18.000,00 €	738.493,15 €
42		12	1.500	365	49,32	€	18.000,00 €	756.493,15 €
43		12	1.500	365	49,32	€	18.000,00 €	774.493,15 €
44		12	1.500	366	49,32	€	18.049,32 €	792.542,47 €
45		12	1.500	365	49,32	€	18.000,00 €	810.542,47 €
46		12	1.500	365	49,32	€	18.000,00 €	828.542,47 €
47		12	1.500	365	49,32	€	18.000,00 €	846.542,47 €
48		12	1.500	366	49,32	€	18.049,32 €	864.591,78 €
49		12	1.500	365	49,32	€	18.000,00 €	882.591,78 €
50		12	1.500	365	49,32	€	18.000,00 €	900.591,78 €
51		12	1.500	365	49,32	€	18.000,00 €	918.591,78 €
52		12	1.500	366	49,32	€	18.049,32 €	936.641,10 €
53		12	1.500	365	49,32	€	18.000,00 €	954.641,10 €
54		12	1.500	365	49,32	€	18.000,00 €	972.641,10 €
55		12	1.500	365	49,32	€	18.000,00 €	990.641,10 €
56		12	1.500	366	49,32	€	18.049,32 €	1.008.690,41 €
57		12	1.500	365	49,32	€	18.000,00 €	1.026.690,41 €
58		12	1.500	365	49,32	€	18.000,00 €	1.044.690,41 €
59		12	1.500	365	49,32	€	18.000,00 €	1.062.690,41 €
60		12	1.500	366	49,32	€	18.049,32 €	1.080.739,73 €
61		12	1.500	365	49,32	€	18.000,00 €	1.098.739,73 €
62		12	1.500	365	49,32	€	18.000,00 €	1.116.739,73 €
63		12	1.500	365	49,32	€	18.000,00 €	1.134.739,73 €

64	12	1.500	366	49,32	€	18.049,32	€	1.152.789,04	€
65	12	1.500	365	49,32	€	18.000,00	€	1.170.789,04	€
66	12	1.500	365	49,32	€	18.000,00	€	1.188.789,04	€
67	12	1.500	365	49,32	€	18.000,00	€	1.206.789,04	€
68	12	1.500	366	49,32	€	18.049,32	€	1.224.838,36	€
69	12	1.500	365	49,32	€	18.000,00	€	1.242.838,36	€
70	12	1.500	365	49,32	€	18.000,00	€	1.260.838,36	€
71	12	1.500	365	49,32	€	18.000,00	€	1.278.838,36	€
72	12	1.500	366	49,32	€	18.049,32	€	1.296.887,67	€
73	12	1.500	365	49,32	€	18.000,00	€	1.314.887,67	€
74	12	1.500	365	49,32	€	18.000,00	€	1.332.887,67	€
75	12	1.500	365	49,32	€	18.000,00	€	1.350.887,67	€
76	12	1.500	366	49,32	€	18.049,32	€	1.368.936,99	€
77	12	1.500	365	49,32	€	18.000,00	€	1.386.936,99	€
78	12	1.500	365	49,32	€	18.000,00	€	1.404.936,99	€
79	12	1.500	365	49,32	€	18.000,00	€	1.422.936,99	€
80	12	1.500	366	49,32	€	18.049,32	€	1.440.986,30	€
81	12	1.500	365	49,32	€	18.000,00	€	1.458.986,30	€
82	12	1.500	365	49,32	€	18.000,00	€	1.476.986,30	€
83	12	1.500	365	49,32	€	18.000,00	€	1.494.986,30	€
84	12	1.500	366	49,32	€	18.049,32	€	1.513.035,62	€
85	12	1.500	365	49,32	€	18.000,00	€	1.531.035,62	€
86	12	1.500	365	49,32	€	18.000,00	€	1.549.035,62	€
87	12	1.500	365	49,32	€	18.000,00	€	1.567.035,62	€
88	12	1.500	366	49,32	€	18.049,32	€	1.585.084,93	€
89	12	1.500	365	49,32	€	18.000,00	€	1.603.084,93	€
90	12	1.500	365	49,32	€	18.000,00	€	1.621.084,93	€
91	12	1.500	365	49,32	€	18.000,00	€	1.639.084,93	€
92	12	1.500	366	49,32	€	18.049,32	€	1.657.134,25	€
93	12	1.500	365	49,32	€	18.000,00	€	1.675.134,25	€
94	12	1.500	365	49,32	€	18.000,00	€	1.693.134,25	€
95	12	1.500	365	49,32	€	18.000,00	€	1.711.134,25	€
96	12	1.500	366	49,32	€	18.049,32	€	1.729.183,56	€
97	12	1.500	365	49,32	€	18.000,00	€	1.747.183,56	€
98	12	1.500	365	49,32	€	18.000,00	€	1.765.183,56	€
99	12	1.500	365	49,32	€	18.000,00	€	1.783.183,56	€
100	12	1.500	366	49,32	€	18.049,32	€	<u>1.801.232,88</u>	€
						1.801.232,88	€		

GLS-Tagessatz: 59,18 €/Tag

1		12	1.800	365	59,18	€	21.600,00	€	€
2		12	1.800	365	59,18	€	21.600,00	€	43.200,00	€
3		12	1.800	365	59,18	€	21.600,00	€	64.800,00	€
4		12	1.800	366	59,18	€	21.659,18	€	86.459,18	€
5		12	1.800	365	59,18	€	21.600,00	€	108.059,18	€
6		12	1.800	365	59,18	€	21.600,00	€	129.659,18	€
7		12	1.800	365	59,18	€	21.600,00	€	151.259,18	€
8		12	1.800	366	59,18	€	21.659,18	€	172.918,36	€
9		12	1.800	365	59,18	€	21.600,00	€	194.518,36	€
10		12	1.800	365	59,18	€	21.600,00	€	216.118,36	€
11		12	1.800	365	59,18	€	21.600,00	€	237.718,36	€
12		12	1.800	366	59,18	€	21.659,18	€	259.377,53	€
13		12	1.800	365	59,18	€	21.600,00	€	280.977,53	€
14		12	1.800	365	59,18	€	21.600,00	€	302.577,53	€
15		12	1.800	365	59,18	€	21.600,00	€	324.177,53	€
16		12	1.800	366	59,18	€	21.659,18	€	345.836,71	€
17		12	1.800	365	59,18	€	21.600,00	€	367.436,71	€
18		12	1.800	365	59,18	€	21.600,00	€	389.036,71	€
19		12	1.800	365	59,18	€	21.600,00	€	410.636,71	€
20		12	1.800	366	59,18	€	21.659,18	€	432.295,89	€
21		12	1.800	365	59,18	€	21.600,00	€	453.895,89	€
22		12	1.800	365	59,18	€	21.600,00	€	475.495,89	€
23		12	1.800	365	59,18	€	21.600,00	€	497.095,89	€
24		12	1.800	366	59,18	€	21.659,18	€	518.755,07	€
25		12	1.800	365	59,18	€	21.600,00	€	540.355,07	€
26		12	1.800	365	59,18	€	21.600,00	€	561.955,07	€
27		12	1.800	365	59,18	€	21.600,00	€	583.555,07	€
28		12	1.800	366	59,18	€	21.659,18	€	605.214,25	€
29		12	1.800	365	59,18	€	21.600,00	€	626.814,25	€
30		12	1.800	365	59,18	€	21.600,00	€	648.414,25	€
31		12	1.800	365	59,18	€	21.600,00	€	670.014,25	€
32		12	1.800	366	59,18	€	21.659,18	€	691.673,42	€
33		12	1.800	365	59,18	€	21.600,00	€	713.273,42	€
34		12	1.800	365	59,18	€	21.600,00	€	734.873,42	€
35		12	1.800	365	59,18	€	21.600,00	€	756.473,42	€
36		12	1.800	366	59,18	€	21.659,18	€	778.132,60	€
37		12	1.800	365	59,18	€	21.600,00	€	799.732,60	€

38	12	1.800	365	59,18	€	21.600,00	€	821.332,60	€
39	12	1.800	365	59,18	€	21.600,00	€	842.932,60	€
40	12	1.800	366	59,18	€	21.659,18	€	864.591,78	€
41	12	1.800	365	59,18	€	21.600,00	€	886.191,78	€
42	12	1.800	365	59,18	€	21.600,00	€	907.791,78	€
43	12	1.800	365	59,18	€	21.600,00	€	929.391,78	€
44	12	1.800	366	59,18	€	21.659,18	€	951.050,96	€
45	12	1.800	365	59,18	€	21.600,00	€	972.650,96	€
46	12	1.800	365	59,18	€	21.600,00	€	994.250,96	€
47	12	1.800	365	59,18	€	21.600,00	€	1.015.850,96	€
48	12	1.800	366	59,18	€	21.659,18	€	1.037.510,14	€
49	12	1.800	365	59,18	€	21.600,00	€	1.059.110,14	€
50	12	1.800	365	59,18	€	21.600,00	€	1.080.710,14	€
51	12	1.800	365	59,18	€	21.600,00	€	1.102.310,14	€
52	12	1.800	366	59,18	€	21.659,18	€	1.123.969,32	€
53	12	1.800	365	59,18	€	21.600,00	€	1.145.569,32	€
54	12	1.800	365	59,18	€	21.600,00	€	1.167.169,32	€
55	12	1.800	365	59,18	€	21.600,00	€	1.188.769,32	€
56	12	1.800	366	59,18	€	21.659,18	€	1.210.428,49	€
57	12	1.800	365	59,18	€	21.600,00	€	1.232.028,49	€
58	12	1.800	365	59,18	€	21.600,00	€	1.253.628,49	€
59	12	1.800	365	59,18	€	21.600,00	€	1.275.228,49	€
60	12	1.800	366	59,18	€	21.659,18	€	1.296.887,67	€
61	12	1.800	365	59,18	€	21.600,00	€	1.318.487,67	€
62	12	1.800	365	59,18	€	21.600,00	€	1.340.087,67	€
63	12	1.800	365	59,18	€	21.600,00	€	1.361.687,67	€
64	12	1.800	366	59,18	€	21.659,18	€	1.383.346,85	€
65	12	1.800	365	59,18	€	21.600,00	€	1.404.946,85	€
66	12	1.800	365	59,18	€	21.600,00	€	1.426.546,85	€
67	12	1.800	365	59,18	€	21.600,00	€	1.448.146,85	€
68	12	1.800	366	59,18	€	21.659,18	€	1.469.806,03	€
69	12	1.800	365	59,18	€	21.600,00	€	1.491.406,03	€
70	12	1.800	365	59,18	€	21.600,00	€	1.513.006,03	€
71	12	1.800	365	59,18	€	21.600,00	€	1.534.606,03	€
72	12	1.800	366	59,18	€	21.659,18	€	1.556.265,21	€
73	12	1.800	365	59,18	€	21.600,00	€	1.577.865,21	€
74	12	1.800	365	59,18	€	21.600,00	€	1.599.465,21	€
75	12	1.800	365	59,18	€	21.600,00	€	1.621.065,21	€
76	12	1.800	366	59,18	€	21.659,18	€	1.642.724,38	€
77	12	1.800	365	59,18	€	21.600,00	€	1.664.324,38	€

78	12	1.800	365	59,18	€	21.600,00	€	1.685.924,38 €
79	12	1.800	365	59,18	€	21.600,00	€	1.707.524,38 €
80	12	1.800	366	59,18	€	21.659,18	€	1.729.183,56 €
81	12	1.800	365	59,18	€	21.600,00	€	1.750.783,56 €
82	12	1.800	365	59,18	€	21.600,00	€	1.772.383,56 €
83	12	1.800	365	59,18	€	21.600,00	€	1.793.983,56 €
84	12	1.800	366	59,18	€	21.659,18	€	1.815.642,74 €
85	12	1.800	365	59,18	€	21.600,00	€	1.837.242,74 €
86	12	1.800	365	59,18	€	21.600,00	€	1.858.842,74 €
87	12	1.800	365	59,18	€	21.600,00	€	1.880.442,74 €
88	12	1.800	366	59,18	€	21.659,18	€	1.902.101,92 €
89	12	1.800	365	59,18	€	21.600,00	€	1.923.701,92 €
90	12	1.800	365	59,18	€	21.600,00	€	1.945.301,92 €
91	12	1.800	365	59,18	€	21.600,00	€	1.966.901,92 €
92	12	1.800	366	59,18	€	21.659,18	€	1.988.561,10 €
93	12	1.800	365	59,18	€	21.600,00	€	2.010.161,10 €
94	12	1.800	365	59,18	€	21.600,00	€	2.031.761,10 €
95	12	1.800	365	59,18	€	21.600,00	€	2.053.361,10 €
96	12	1.800	366	59,18	€	21.659,18	€	2.075.020,27 €
97	12	1.800	365	59,18	€	21.600,00	€	2.096.620,27 €
98	12	1.800	365	59,18	€	21.600,00	€	2.118.220,27 €
99	12	1.800	365	59,18	€	21.600,00	€	2.139.820,27 €
100	12	1.800	366	59,18	€	21.659,18	€	<u>2.161.479,45</u> €
						2.161.479,45	€	

GLS-Tagessatz: 65,75 €/Tag.

1		12	2.000	365	65,75	€	24.000,00 €	€
2		12	2.000	365	65,75	€	24.000,00 €	48.000,00 €
3		12	2.000	365	65,75	€	24.000,00 €	72.000,00 €
4		12	2.000	366	65,75	€	24.065,75 €	96.065,75 €
5		12	2.000	365	65,75	€	24.000,00 €	120.065,75 €
6		12	2.000	365	65,75	€	24.000,00 €	144.065,75 €
7		12	2.000	365	65,75	€	24.000,00 €	168.065,75 €
8		12	2.000	366	65,75	€	24.065,75 €	192.131,51 €
9		12	2.000	365	65,75	€	24.000,00 €	216.131,51 €
10		12	2.000	365	65,75	€	24.000,00 €	240.131,51 €
11		12	2.000	365	65,75	€	24.000,00 €	264.131,51 €
12		12	2.000	366	65,75	€	24.065,75 €	288.197,26 €

13	12	2.000	365	65,75	€	24.000,00	€	312.197,26	€
14	12	2.000	365	65,75	€	24.000,00	€	336.197,26	€
15	12	2.000	365	65,75	€	24.000,00	€	360.197,26	€
16	12	2.000	366	65,75	€	24.065,75	€	384.263,01	€
17	12	2.000	365	65,75	€	24.000,00	€	408.263,01	€
18	12	2.000	365	65,75	€	24.000,00	€	432.263,01	€
19	12	2.000	365	65,75	€	24.000,00	€	456.263,01	€
20	12	2.000	366	65,75	€	24.065,75	€	480.328,77	€
21	12	2.000	365	65,75	€	24.000,00	€	504.328,77	€
22	12	2.000	365	65,75	€	24.000,00	€	528.328,77	€
23	12	2.000	365	65,75	€	24.000,00	€	552.328,77	€
24	12	2.000	366	65,75	€	24.065,75	€	576.394,52	€
25	12	2.000	365	65,75	€	24.000,00	€	600.394,52	€
26	12	2.000	365	65,75	€	24.000,00	€	624.394,52	€
27	12	2.000	365	65,75	€	24.000,00	€	648.394,52	€
28	12	2.000	366	65,75	€	24.065,75	€	672.460,27	€
29	12	2.000	365	65,75	€	24.000,00	€	696.460,27	€
30	12	2.000	365	65,75	€	24.000,00	€	720.460,27	€
31	12	2.000	365	65,75	€	24.000,00	€	744.460,27	€
32	12	2.000	366	65,75	€	24.065,75	€	768.526,03	€
33	12	2.000	365	65,75	€	24.000,00	€	792.526,03	€
34	12	2.000	365	65,75	€	24.000,00	€	816.526,03	€
35	12	2.000	365	65,75	€	24.000,00	€	840.526,03	€
36	12	2.000	366	65,75	€	24.065,75	€	864.591,78	€
37	12	2.000	365	65,75	€	24.000,00	€	888.591,78	€
38	12	2.000	365	65,75	€	24.000,00	€	912.591,78	€
39	12	2.000	365	65,75	€	24.000,00	€	936.591,78	€
40	12	2.000	366	65,75	€	24.065,75	€	960.657,53	€
41	12	2.000	365	65,75	€	24.000,00	€	984.657,53	€
42	12	2.000	365	65,75	€	24.000,00	€	1.008.657,53	€
43	12	2.000	365	65,75	€	24.000,00	€	1.032.657,53	€
44	12	2.000	366	65,75	€	24.065,75	€	1.056.723,29	€
45	12	2.000	365	65,75	€	24.000,00	€	1.080.723,29	€
46	12	2.000	365	65,75	€	24.000,00	€	1.104.723,29	€
47	12	2.000	365	65,75	€	24.000,00	€	1.128.723,29	€
48	12	2.000	366	65,75	€	24.065,75	€	1.152.789,04	€
49	12	2.000	365	65,75	€	24.000,00	€	1.176.789,04	€
50	12	2.000	365	65,75	€	24.000,00	€	1.200.789,04	€
51	12	2.000	365	65,75	€	24.000,00	€	1.224.789,04	€
52	12	2.000	366	65,75	€	24.065,75	€	1.248.854,79	€

53	12	2.000	365	65,75	€	24.000,00	€	1.272.854,79	€
54	12	2.000	365	65,75	€	24.000,00	€	1.296.854,79	€
55	12	2.000	365	65,75	€	24.000,00	€	1.320.854,79	€
56	12	2.000	366	65,75	€	24.065,75	€	1.344.920,55	€
57	12	2.000	365	65,75	€	24.000,00	€	1.368.920,55	€
58	12	2.000	365	65,75	€	24.000,00	€	1.392.920,55	€
59	12	2.000	365	65,75	€	24.000,00	€	1.416.920,55	€
60	12	2.000	366	65,75	€	24.065,75	€	1.440.986,30	€
61	12	2.000	365	65,75	€	24.000,00	€	1.464.986,30	€
62	12	2.000	365	65,75	€	24.000,00	€	1.488.986,30	€
63	12	2.000	365	65,75	€	24.000,00	€	1.512.986,30	€
64	12	2.000	366	65,75	€	24.065,75	€	1.537.052,05	€
65	12	2.000	365	65,75	€	24.000,00	€	1.561.052,05	€
66	12	2.000	365	65,75	€	24.000,00	€	1.585.052,05	€
67	12	2.000	365	65,75	€	24.000,00	€	1.609.052,05	€
68	12	2.000	366	65,75	€	24.065,75	€	1.633.117,81	€
69	12	2.000	365	65,75	€	24.000,00	€	1.657.117,81	€
70	12	2.000	365	65,75	€	24.000,00	€	1.681.117,81	€
71	12	2.000	365	65,75	€	24.000,00	€	1.705.117,81	€
72	12	2.000	366	65,75	€	24.065,75	€	1.729.183,56	€
73	12	2.000	365	65,75	€	24.000,00	€	1.753.183,56	€
74	12	2.000	365	65,75	€	24.000,00	€	1.777.183,56	€
75	12	2.000	365	65,75	€	24.000,00	€	1.801.183,56	€
76	12	2.000	366	65,75	€	24.065,75	€	1.825.249,32	€
77	12	2.000	365	65,75	€	24.000,00	€	1.849.249,32	€
78	12	2.000	365	65,75	€	24.000,00	€	1.873.249,32	€
79	12	2.000	365	65,75	€	24.000,00	€	1.897.249,32	€
80	12	2.000	366	65,75	€	24.065,75	€	1.921.315,07	€
81	12	2.000	365	65,75	€	24.000,00	€	1.945.315,07	€
82	12	2.000	365	65,75	€	24.000,00	€	1.969.315,07	€
83	12	2.000	365	65,75	€	24.000,00	€	1.993.315,07	€
84	12	2.000	366	65,75	€	24.065,75	€	2.017.380,82	€
85	12	2.000	365	65,75	€	24.000,00	€	2.041.380,82	€
86	12	2.000	365	65,75	€	24.000,00	€	2.065.380,82	€
87	12	2.000	365	65,75	€	24.000,00	€	2.089.380,82	€
88	12	2.000	366	65,75	€	24.065,75	€	2.113.446,58	€
89	12	2.000	365	65,75	€	24.000,00	€	2.137.446,58	€
90	12	2.000	365	65,75	€	24.000,00	€	2.161.446,58	€
91	12	2.000	365	65,75	€	24.000,00	€	2.185.446,58	€
92	12	2.000	366	65,75	€	24.065,75	€	2.209.512,33	€

93	12	2.000	365	65,75 €	24.000,00 €	2.233.512,33 €
94	12	2.000	365	65,75 €	24.000,00 €	2.257.512,33 €
95	12	2.000	365	65,75 €	24.000,00 €	2.281.512,33 €
96	12	2.000	366	65,75 €	24.065,75 €	2.305.578,08 €
97	12	2.000	365	65,75 €	24.000,00 €	2.329.578,08 €
98	12	2.000	365	65,75 €	24.000,00 €	2.353.578,08 €
99	12	2.000	365	65,75 €	24.000,00 €	2.377.578,08 €
100	12	2.000	366	65,75 €	24.065,75 €	<u>2.401.643,84</u> €
					2.401.643,84 €	

GLS-Tagessatz: 72,33 €/Tag.

1	12	2.200	365	72,33 €	26.400,00 €	€
2	12	2.200	365	72,33 €	26.400,00 €	52.800,00 €
3	12	2.200	365	72,33 €	26.400,00 €	79.200,00 €
4	12	2.200	366	72,33 €	26.472,33 €	105.672,33 €
5	12	2.200	365	72,33 €	26.400,00 €	132.072,33 €
6	12	2.200	365	72,33 €	26.400,00 €	158.472,33 €
7	12	2.200	365	72,33 €	26.400,00 €	184.872,33 €
8	12	2.200	366	72,33 €	26.472,33 €	211.344,66 €
9	12	2.200	365	72,33 €	26.400,00 €	237.744,66 €
10	12	2.200	365	72,33 €	26.400,00 €	264.144,66 €
11	12	2.200	365	72,33 €	26.400,00 €	290.544,66 €
12	12	2.200	366	72,33 €	26.472,33 €	317.016,99 €
13	12	2.200	365	72,33 €	26.400,00 €	343.416,99 €
14	12	2.200	365	72,33 €	26.400,00 €	369.816,99 €
15	12	2.200	365	72,33 €	26.400,00 €	396.216,99 €
16	12	2.200	366	72,33 €	26.472,33 €	422.689,32 €
17	12	2.200	365	72,33 €	26.400,00 €	449.089,32 €
18	12	2.200	365	72,33 €	26.400,00 €	475.489,32 €
19	12	2.200	365	72,33 €	26.400,00 €	501.889,32 €
20	12	2.200	366	72,33 €	26.472,33 €	528.361,64 €
21	12	2.200	365	72,33 €	26.400,00 €	554.761,64 €
22	12	2.200	365	72,33 €	26.400,00 €	581.161,64 €
23	12	2.200	365	72,33 €	26.400,00 €	607.561,64 €
24	12	2.200	366	72,33 €	26.472,33 €	634.033,97 €
25	12	2.200	365	72,33 €	26.400,00 €	660.433,97 €
26	12	2.200	365	72,33 €	26.400,00 €	686.833,97 €
27	12	2.200	365	72,33 €	26.400,00 €	713.233,97 €

28		12	2.200	366	72,33	€	26.472,33	€	739.706,30	€
29		12	2.200	365	72,33	€	26.400,00	€	766.106,30	€
30		12	2.200	365	72,33	€	26.400,00	€	792.506,30	€
31		12	2.200	365	72,33	€	26.400,00	€	818.906,30	€
32		12	2.200	366	72,33	€	26.472,33	€	845.378,63	€
33		12	2.200	365	72,33	€	26.400,00	€	871.778,63	€
34		12	2.200	365	72,33	€	26.400,00	€	898.178,63	€
35		12	2.200	365	72,33	€	26.400,00	€	924.578,63	€
36		12	2.200	366	72,33	€	26.472,33	€	951.050,96	€
37		12	2.200	365	72,33	€	26.400,00	€	977.450,96	€
38		12	2.200	365	72,33	€	26.400,00	€	1.003.850,96	€
39		12	2.200	365	72,33	€	26.400,00	€	1.030.250,96	€
40		12	2.200	366	72,33	€	26.472,33	€	1.056.723,29	€
41		12	2.200	365	72,33	€	26.400,00	€	1.083.123,29	€
42		12	2.200	365	72,33	€	26.400,00	€	1.109.523,29	€
43		12	2.200	365	72,33	€	26.400,00	€	1.135.923,29	€
44		12	2.200	366	72,33	€	26.472,33	€	1.162.395,62	€
45		12	2.200	365	72,33	€	26.400,00	€	1.188.795,62	€
46		12	2.200	365	72,33	€	26.400,00	€	1.215.195,62	€
47		12	2.200	365	72,33	€	26.400,00	€	1.241.595,62	€
48		12	2.200	366	72,33	€	26.472,33	€	1.268.067,95	€
49		12	2.200	365	72,33	€	26.400,00	€	1.294.467,95	€
50		12	2.200	365	72,33	€	26.400,00	€	1.320.867,95	€
51		12	2.200	365	72,33	€	26.400,00	€	1.347.267,95	€
52		12	2.200	366	72,33	€	26.472,33	€	1.373.740,27	€
53		12	2.200	365	72,33	€	26.400,00	€	1.400.140,27	€
54		12	2.200	365	72,33	€	26.400,00	€	1.426.540,27	€
55		12	2.200	365	72,33	€	26.400,00	€	1.452.940,27	€
56		12	2.200	366	72,33	€	26.472,33	€	1.479.412,60	€
57		12	2.200	365	72,33	€	26.400,00	€	1.505.812,60	€
58		12	2.200	365	72,33	€	26.400,00	€	1.532.212,60	€
59		12	2.200	365	72,33	€	26.400,00	€	1.558.612,60	€
60		12	2.200	366	72,33	€	26.472,33	€	1.585.084,93	€
61		12	2.200	365	72,33	€	26.400,00	€	1.611.484,93	€
62		12	2.200	365	72,33	€	26.400,00	€	1.637.884,93	€
63		12	2.200	365	72,33	€	26.400,00	€	1.664.284,93	€
64		12	2.200	366	72,33	€	26.472,33	€	1.690.757,26	€
65		12	2.200	365	72,33	€	26.400,00	€	1.717.157,26	€
66		12	2.200	365	72,33	€	26.400,00	€	1.743.557,26	€

67	12	2.200	365	72,33	€	26.400,00	€	1.769.957,26	€
68	12	2.200	366	72,33	€	26.472,33	€	1.796.429,59	€
69	12	2.200	365	72,33	€	26.400,00	€	1.822.829,59	€
70	12	2.200	365	72,33	€	26.400,00	€	1.849.229,59	€
71	12	2.200	365	72,33	€	26.400,00	€	1.875.629,59	€
72	12	2.200	366	72,33	€	26.472,33	€	1.902.101,92	€
73	12	2.200	365	72,33	€	26.400,00	€	1.928.501,92	€
74	12	2.200	365	72,33	€	26.400,00	€	1.954.901,92	€
75	12	2.200	365	72,33	€	26.400,00	€	1.981.301,92	€
76	12	2.200	366	72,33	€	26.472,33	€	2.007.774,25	€
77	12	2.200	365	72,33	€	26.400,00	€	2.034.174,25	€
78	12	2.200	365	72,33	€	26.400,00	€	2.060.574,25	€
79	12	2.200	365	72,33	€	26.400,00	€	2.086.974,25	€
80	12	2.200	366	72,33	€	26.472,33	€	2.113.446,58	€
81	12	2.200	365	72,33	€	26.400,00	€	2.139.846,58	€
82	12	2.200	365	72,33	€	26.400,00	€	2.166.246,58	€
83	12	2.200	365	72,33	€	26.400,00	€	2.192.646,58	€
84	12	2.200	366	72,33	€	26.472,33	€	2.219.118,90	€
85	12	2.200	365	72,33	€	26.400,00	€	2.245.518,90	€
86	12	2.200	365	72,33	€	26.400,00	€	2.271.918,90	€
87	12	2.200	365	72,33	€	26.400,00	€	2.298.318,90	€
88	12	2.200	366	72,33	€	26.472,33	€	2.324.791,23	€
89	12	2.200	365	72,33	€	26.400,00	€	2.351.191,23	€
90	12	2.200	365	72,33	€	26.400,00	€	2.377.591,23	€
91	12	2.200	365	72,33	€	26.400,00	€	2.403.991,23	€
92	12	2.200	366	72,33	€	26.472,33	€	2.430.463,56	€
93	12	2.200	365	72,33	€	26.400,00	€	2.456.863,56	€
94	12	2.200	365	72,33	€	26.400,00	€	2.483.263,56	€
95	12	2.200	365	72,33	€	26.400,00	€	2.509.663,56	€
96	12	2.200	366	72,33	€	26.472,33	€	2.536.135,89	€
97	12	2.200	365	72,33	€	26.400,00	€	2.562.535,89	€
98	12	2.200	365	72,33	€	26.400,00	€	2.588.935,89	€
99	12	2.200	365	72,33	€	26.400,00	€	2.615.335,89	€
100	12	2.200	366	72,33	€	26.472,33	€	2.641.808,22	€
						2.641.808,22	€		

Notizen und Skript

Ergänzungen zum Buch

Nach reiflicher Überlegung ist der Autor dieses Buches zur Erkenntnis gelangt, dass es notwendig sein wird, über die Bedingungen und Voraussetzungen eines Vertrages für die neue Weltversicherungsbank GLS noch ein weiteres Kapitel hinzuzufügen.

Die Weltgemeinschaft mag immer wieder Unruhen erfahren, Streitereien und eventuell sogar kriegerische Auseinandersetzungen. Das neue Vertrags- und Regelwerk wird mit Sicherheit dazu beitragen, dass falls überhaupt nur noch eingeschränkt kriegerische Auseinandersetzungen stattfinden werden.

Ein wesentlicher Grund wird wohl sein, dass keine Gelder von der Lebensversicherungsbank zur Verfügung gestellt werden, um Kriege zu finanzieren. Dies bedeutet natürlich konkret, dass bei Krieg führenden Ländern einfach der Geldhahn zugedreht wird, bis wieder eine nachweisbare Friedenszeit einkehrt.

Der Autor vermutet, dass dadurch der Anreiz gegeben sein wird, nicht auf einen einzigen Euro, Dollar, Yen, Pfund, Rubel, TRY oder eine andere gesonderte Geldwährung dieser Welt verzichten zu wollen, und jeder Betroffene oder einzelne Beteiligte eines Landes genau überlegen wird, ob er auf die monatlichen Auszahlungen verzichten will oder kann.

Somit wird die Politik natürlich generell anders auftreten müssen. Die Leistungen hingegen, die von humanitären Hilfsorganisationen erbracht werden, sind und werden von der GLS-Bank besonders hoch gewertet, da sie dem Zweck dienen, auch langfristige Sicherheit und den Wiederaufbau von Lebensbedingungen in bedrohten Gebieten zu gewährleisten.

Die selbstlose Arbeit und Hilfsbereitschaft als Tätigkeit sollte ebenso nicht unbelohnt bleiben, eine der notwendigen kurzfristigen Einsätze in Notsituationen wird in speziellen Fällen wie Flüchtlingsaufnahmen sogar unterstützt werden, da ein möglichst persönliches Aufnahmeprofil der Menschen frühzeitig erfolgen kann. Mit einem eigenen Konto und einem positiv genehmigten Asyl- oder Gastantrag können die Menschen vom Aufnahme-Camp direkt in das Land ihrer Wahl reisen.

Jeder Zuzug eines Flüchtlings unabhängig ob durch Krieg oder gravierende Lebensumstände, bringt dem Aufnahmestaat zusätzlichen Investitions- und Wachstumsanteil von ca. 3.2 Millionen Euro pro angenommenem und registriertem Flüchtlingsreisenden. Das bedeutet auch, dass all jene mit einer positiven Freigabe des GLS-Antrags auch ein neues Leben werden beginnen können.

Für jene, die in kriminelle Machenschaften und auf weltweiten Fahndungslisten registriert sind, wird es natürlich schwer, eine Genehmigung zu bekommen. Erst wenn sie sich ihrem Verfahren gestellt haben und einen entsprechenden Freispruch oder im schlechtesten Fall ihre Strafe abgesessen haben, wird es möglich sein, auch einen finanziellen Neubeginn mit der Eröffnung ihres Kontos zu ermöglichen. Sollte der Fall einer Rückfälligkeit eintreten oder eine strafbare Tätigkeit entgegen der vertraglichen Vereinbarungen mit der GLS-Bank wieder ausgeführt werden, dann sind sämtliche Kosten bis zur Entlassung aus der Haftstrafe selbst zu tragen oder vom GLS-Konto in Abzug zu bringen.

Auch die Aufenthaltskosten in Gefängnissen sollten in Zukunft von Haftantretenden zu übernehmen sein.

Warum soll der Staat für die Kosten von Verurteilten aufkommen, wenn diese in Zukunft selbst diese Kosten übernehmen können und gleichzeitig noch einen weiteren Anreiz bekommen, in Zukunft keine Straftaten mehr zu tätigen?

Gefängnisse sind in Zukunft „nicht so schöne Hotels", wobei die Aufenthaltskosten ohne freie Selbstbestimmung eigenständig zu tätigen sein werden.

Kriminelle Handlungen werden so in Zukunft einfach unattraktiv, weil niemand freiwillig auf eigene Kosten einige Jahre hinter Gittern wird sitzen wollen.

Mit Versicherungsgeldern getätigte Waffenkäufe werden in Zukunft einer strafbaren Handlung gleichgestellt, da dies ebenfalls eine Vertragsverletzung mit dem GLS-Banksystem darstellen würde.

Somit wird auch diese Materie zunehmend unattraktiv für unbelehrbare Wiederholungstäter.

All diese Themenbereiche sind zugegebenermaßen sehr komplex und werden natürlich einige heiße Diskussionen in Gang setzen.

Man kann sich aber ohne weiteres die Frage stellen, was wollen wir Menschen in nächster Zukunft erreichen? Wie können wir verhindern, dass in nächster Zukunft auch in weiteren Generationen die gleichen Fehler immer wieder auftreten und zum wiederholten Scheitern unserer Weiterentwicklung führen?

Viele Probleme werden wir in unserer heutigen bereits stark vernetzten Welt nur global lösen können.

Solange wir die Möglichkeiten haben und wir „noch" keine gravierenden Rückschritte erlebt haben, sei es aus Gründen naturkatastrophaler Ereignisse oder aus Gründen kriegerischer Auseinandersetzungen, sollten wir die Chance nützen und alle Möglichkeiten wahrnehmen und für unser weiteres Vorgehen nützen.

Die Erkenntnis unserer Fehler in der Vergangenheit für die Rückschritte ist eine immerwährende Begleiterscheinung, aber diese Erscheinung sollte auch der Anreiz sein, daraus die Lehren zu ziehen und Neues zu schaffen und die nächsten Schritte zu suchen und finden.

Alles, was unsere Suche nach Hoffnung in gewisser Weise erträglich macht, ist, eine neue Aufgabe, eine neue Entdeckung mit der Zuversicht, etwas Positives zu erreichen, und damit alle Nicht-Hoffnungsträger in positive Hoffnungsträger zu wandeln. Der Anreiz mit einer neuen Aufgabe einen kleinen, aber wesentlichen Beitrag zur Verbesserung und Stabilisierung all unserer Gesellschaftsformen ist das eigentliche Erscheinungs- und Begleitbild, das uns prägen und letztendlich auch weiterbringen sollte.

Unsere Menschheit steht erst am Beginn einer sogenannten „Neuzeit". Wenn wir die ersten Schritte rückblickend betrachten, sind wir in den letzten 50 Jahren um ein Vielfaches weitergekommen im Vergleich zu den letzten 1,2 Millionen Jahre unserer Menschheitsgeschichte des Homo sapiens.

Das sollte uns zu denken geben. Erst in den letzten Jahren haben wir unsere Technologien, Wissenschaft und Forschung mit unglaublichen Fortschritten und Erkenntnissen beobachten und erfahren können, und selbst heute wissen wir auch aus der Sicht der Wissenschaftler und Forscher, dass wir erst am Anfang dieser großartigen Entwicklung stehen.

Wie Isaac Newton einst beschrieb, die Wissenschaft und Erkenntnis unserer Zeit ist wie ein Tropfen eines Ozeans. Wie groß dieser Ozean noch sein mag, weiß tatsächlich noch kein einziger Wissenschaftler auf unserem Planeten.

Einige Astrophysiker sind der Auffassung, dass selbst das Universum noch eine unbekannte Größe in sich trägt, und selbst diese zu erforschen würde noch Jahrzehnte, wenn nicht sogar Jahrhunderte dauern.

Setzen wir einen Schritt nach dem nächsten und stellen wir uns einfach die immer wiederkehrende Frage: Was benötigen wir heute, um die nächsten Schritte von morgen und übermorgen bewältigen zu können?

Welche Entscheidungen müssen wir heute fällen, um morgen die Zuversicht zu erhalten, dass gestern oder heute Getätigtes nicht in Unzufriedenheit verfällt?

Es muss uns doch allen einleuchten, dass sich Dinge und Begebenheiten auch ändern müssen und dass jeder Einzelne von uns auch Verantwortung diesbezüglich trägt. Selbstverständlich sind verantwortliche Entscheidungsträger auch mehr belastet, da die Entscheidungen von jenen Betroffenen und auch Beteiligten mehr Gewicht haben.

Aber das sollte trotzdem nicht ohne Konsensfühlung und -findung gehen.

Ich als Autor vertrete den Ansatz, wir haben es in der Hand. Von heute, von diesem Moment an haben wir es in der Hand, was wir tun, welche Entscheidungen wir fällen, was uns in unserem tiefsten Inneren dazu bewegt, zu einem Thema Ja oder Nein zu sagen.

Alleine diese Verantwortung ist bereits von großer Bedeutung für jeden Einzelnen von uns. Und wenn wir darüber nachdenken, was möglicherweise passieren würde, ohne diese nicht pflichtbewusst gewordene Entscheidung, steht es uns immer noch frei, auch weiter darüber nachzudenken, selbst die Erkenntnis zu erlangen, dass eine Entscheidung fehleingeschätzt, also unbewusst, aber nicht mit „direkter" Absicht geschehen war.

Selbst aus einem solchen Ereignis heraus kann sich eine neue Einstellung entwickeln eine verbesserte Meinung ergeben und somit auch eine ursprünglich fehlerbehaftete Entscheidung in ein neues Gewicht wandeln.

Die Erkenntnis unsere Spezies ist eine immerwährende sogenannte „Erfahrungssuche", ein uralter Trieb der Neugierde, die Suche nach einem befriedigenden Ergebnis, bis wir wieder eines Besseren belehrt werden.

Auch Wissenschaft kann sich irren. Das ist eine Tatsache. Aber wir sind willig uns zu verändern, uns anzupassen und uns auch weiterzubilden.

Dies sollte der eigentliche Anreiz für uns alle sein, wir müssen uns in gewisser Weise uns selbst miteinander anpassen, ergänzen und auch untereinander sowie füreinander belehrbar bleiben.

Akzeptanz ist ein Begriff, der uns eventuell genau dort hinführt auf der Suche nach der Wahrheit und der Findung unserer Gemeinsamkeiten, als Beweis und Anerkennung, dass wir uns nicht nur begegnet sind, sondern einander endlich gefunden haben.

„Was wir wissen, ist ein Tropfen;
was wir nicht wissen, ist ein Ozean"
Sir Isaac Newton

Bewerten Sie dieses Buch auf unserer Homepage!

www.novumverlag.com

Der Autor

Veränderungen sind immer mit Entwicklungsprozessen verbunden. Diese sind wiederum von wohlüberlegten Entscheidungen abhängig. Für den Autor Michael Wiesmer war von Anfang an klar, dass der Inhalt dieses Buches primär im Vordergrund steht. Er ist überzeugt: Um letztlich die richtigen Entscheidungen zu treffen, bedarf es eines Verantwortungsbewusstseins von Entscheidungsträgern, deren Erkenntnis dazu führen kann, dass es uns Menschen in naher Zukunft bereits bedeutend besser geht.
Sein Buch „Financial Reboot" zeigt möglicherweise einen solchen Lösungsansatz, was jede Leserin und jeder Leser gerne kritisch beurteilen möge.

novum VERLAG FÜR NEUAUTOREN

Der Verlag

> *Wer aufhört
> besser zu werden,
> hat aufgehört
> gut zu sein!*

Basierend auf diesem Motto ist es dem novum Verlag ein Anliegen neue Manuskripte aufzuspüren, zu veröffentlichen und deren Autoren langfristig zu fördern. Mittlerweile gilt der 1997 gegründete und mehrfach prämierte Verlag als Spezialist für Neuautoren in Deutschland, Österreich und der Schweiz.

Für jedes neue Manuskript wird innerhalb weniger Wochen eine kostenfreie, unverbindliche Lektorats-Prüfung erstellt.

Weitere Informationen zum Verlag und seinen Büchern finden Sie im Internet unter:

www.novumverlag.com